기질과 기독교 신앙

Temperamentene i Kristelig Lys

기질과 기독교 신앙

ⓒ 김기현, 2019

초판 1쇄 발행 2019년 9월 4일

지은이	O. 할레스비
옮긴이	김기현
펴낸이	이기봉
편집	좋은땅 편집팀
펴낸곳	도서출판 좋은땅
주소	서울 마포구 성지길 25 보광빌딩 2층
전화	02)374-8616~7
팩스	02)374-8614
이메일	gworldbook@naver.com
홈페이지	www.g-world.co.kr

ISBN 979-11-6435-599-0 (03230)

- 가격은 뒤표지에 있습니다.
- 이 책은 저작권법에 의하여 보호를 받는 저작물이므로 무단 전재와 복제를 금합니다.
- 파본은 구입하신 서점에서 교환해 드립니다.

이 도서의 국립중앙도서관 출판예정도서목록(CIP)은 서지정보유통지원시스템 홈페이지(http://seoji.nl.go.kr)와 국가자료공동목록시스템
(http://www.nl.go.kr/kolisnet)에서 이용하실 수 있습니다. (CIP제어번호 : CIP2019033058)

— O. 할레스비 지음 | 김기현 옮김 —

Melancholic

Phlegmatic

왜 우리는 서로 다른 기질을 갖고 있을까?

기질과 기독교 신앙

Temperamentene i Kristelig Lys

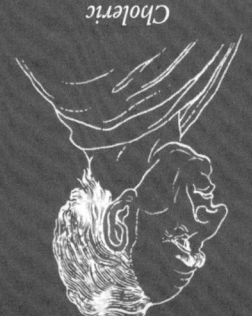
Choleric

Sanguine

좋은땅

차례

I 기질 07
   Temperament

II 다혈질 기질 19
   The Sanguine Temperament
   다혈질 기질의 강점 24
   다혈질 기질의 약점 29
   목사와 영적 상담사들을 위한 유의사항 33
   다혈질 사람의 자기 수련 37

III 우울질 기질 43
    The Melancholic Temperament
    우울질 기질의 강점 46
    우울질 기질의 약점 49
    목사와 영적 상담사들을 위한 유의사항 56
    우울질 사람의 자기수련 59

IV	담즙질 기질	65
	The Choleric Temperament	
	담즙질 기질의 강점	66
	담즙질 기질의 약점	71
	목사와 영적 상담사들을 위한 유의사항	75
	담즙질 사람의 자기 수련	80

V	점액질 기질	85
	The Phlegmatic Temperament	
	점액질 기질의 강점	87
	점액질 기질의 단점	92
	목사와 영적 상담사들을 위한 유의사항	95
	점액질 사람의 자기 수련	100

VI	기질의 의의	103
	The Significance of the Temperaments	

	역자 후기	113

기질
• Temperament •

    신의 위대함과 탁월한 창조력은 자연의 모든 것에 나타난다. 이것은 살아 움직이는 생명체에게 더 영광스러운 것이다.

    생명이란, 그것 자체로 신의 모습이다. 아무리 단순한 생명이라도 생명이 표현하는 것은 신의 그 어떤 것을 드러내는 것이다. 인생은 그 자체로서 궁극의 수수께끼와 같다.

    심지어 가장 원시적 형태의 생명체조차도 우리에게 신비하고 무한한, 신에 대한 그 어떤 것을 말해 준다. 모든 생명체는 신이 창조한 생명 속에 그 근원을 가지고 있다. 신이 창조한 그 생명 속에 존재하는 무한한 신비는, 살아 있는 모든 것에, 심지어 가장 작은 생명체에게까지 미치고 있다.

생명 스스로 자신만의 개성을 가지려는 내재된 충동으로 인해 살아 있는 모든 생명체는 각각 자신만의 독특한 자질을 가지게 된다. 자신만의 개성, 자신만의 독특한 자질을 가진다는 것은 생명이 가진 신비한 본질에 속한다. 개체마다 가진 특징이 극히 작아서 우리가 그것을 구별해 내지 못할지라도 스스로 개성을 가지려는 생명의 본질은 모든 생명체 안에 내재되어 있다.

다양성을 추구하는 생명에 대한 좋은 예로 나뭇잎을 들 수 있다. 다른 나무끼리뿐만 아니라 같은 나무 내에서도 모든 나뭇잎은 그 모양이 서로 다르다.

게다가 우리는 모든 사람들의 지문이 서로 다르다는 사실을 이미 알고 있다. 따라서 지문은 자신을 숨기려고 하는 그런 사람들을 식별해 내는 방법으로 널리 쓰인다.

삶의 형태가 단순할수록 개인의 변화 가능성이 적다는 것은 명백하다. 반대로 삶의 형태가 복잡할수록 개인의 형태도 더 많은 방식으로 서로 다르게 된다. 예를 들어, 두 마리 개 사이에 존재하는 둘 간의 서로 다른 점들은 두 마리의 모기 사이에 존재하는 것보다 훨씬 더 많을 것이다.

인간은 개인 간의 차이가 크고, 이로 인해 '많은 가능성을 가진 존재'가 되었다는 것은 이치에 맞는 말이다. 이로 인해 인류는 가장 풍요로운 삶을 누리게 되었다. 사실 인간의 삶은 세 가지 완전히 다른 측면을 가지고 있는데, 바로 육체적인 삶physical life, 영적인 삶soul life, 정신적인 삶spiritual life이다.[1]

우리 모두가 잘 알고 있듯이, 개인 간의 차이가 인간의 삶 속에 존재하는 이러한 각각의 측면들에서 그리고 육체와 영혼 속에 존재하는 모든 세부적인 하위 측면에서 발견될 수 있다. 남자들 사이의 신체적 차이는 눈에 띌 정도로 뚜렷하다. 우리가 만나는 수천 명의 사람들을 생각해 보라. 그들 중 누구도 똑같이 생각하지 않는다. 쌍둥이는 놀라울 정도로 서로 닮았을지도 모르지만 그 어떤 쌍둥이도 완벽히 똑같지 않다.

그러나 개인의 다양성에 대한 가장 큰 가능성은 인간의 영혼 속에 있다. 영적 삶의 다양성은 육체의 삶보다 훨씬 무한할 정도로 풍부하다. 그리고 우리가 연구하려고 하는 그 특징, 즉 기질은 단지 성격 변형을 일으키는 영적 삶의 요소들 중 하나이다.[2]

그러나 우선, 큰 시야를 통해 전체적으로 바라보기 위해 우리는 어떤 몇 가지 다른 요인, 즉 누구에게라도 그 사람 개인의 특정 유형을 부여하는 데 도움이 되는 몇 가지 요인들을 언급하지 않을 수 없다.

이러한 것으로써 먼저 인종적 차이가 있다. 여러 인종 사이에 존재하는

---

1) 나는 성서에 입각한 의미에서 육체body, 영혼soul, 정신spirit이라는 세 가지 분류를, 두 가지 표현(분류법), 즉, 육체와 영혼으로 사용하고 있다. 세 가지 분류법과 두 가지 분류법은 동일하다. 만약 두 가지 표현(분류법)을 사용한다면, 육체와 영혼으로 나눌 수 있다. 내 책에서 정신은 영혼을 뜻한다.
2) 저자는 정신과 마음을 영혼과 거의 같은 의미로 사용하고 있다. 저자는 인간에 대해 이분법적인 관점(물리적인 것, 정신적인 것)에서 글을 기술하고 있다. - 역주

서로 다른 특징은 매우 뚜렷하다. 이것은 신체적인 차이뿐만 아니라 정신과 영혼에서의 차이도 있다. 인종적 특징은 서로 다른 인종이 결혼을 통해 혼합되어도 끈질기고 집요할 정도로 지속된다.

그리고 국가 혹은 민족적 차이가 있다. 그 차이는 비록 인종 차이만큼 크지 않지만, 그것들 또한 사람들에게 명확한 색채를 더한다. 예를 들어, 노르웨이인, 스웨덴인, 덴마크인들 사이에 존재하는 차이점을 생각해 보라.

그리고 성별 간의 차이도 있다. 성별 간의 차이는 없어질 수 없는 차이점이며, 이것 역시 몸과 영혼에서의 차이점이다. 성별 간의 차이는 인종과 국적에 관계없이 모든 사람들에게 영향을 미친다. 성별 간의 차이는 현 세대가 인정하려고 하는 것보다 더 크다. 만약 이러한 차이를 존중하지 않는다면 인간의 삶 속에 존재하는 풍요로움의 일부는 사라질 것이다.

마지막으로, 나이에 따라 발생하는 차이도 존재한다. 이러한 차이는 인종, 국적, 성별에 관계없이 모든 인류에게 영향을 미친다. 어떤 사람의 나이가 변하면 그의 외모는 물론 그의 성격도 변한다. 만약 여러분이 1세, 15세, 40세, 80세에 찍은 네 장의 사진을 나란히 놓고 연구할 기회가 있다면, 여러분은 세월과 함께 오는 뚜렷한 변화의 모습을 보게 될 것이다.

개인차에 대한 여러 유형들 중, 기질 차이라는 것이 있다.

영혼(마음과 정신)은 항상 몸을 통해 작동한다. 그리고 기질은 마음과 정신의 범주 안에 있다. 따라서 영혼이 그러하듯 기질은 몸에 영향을 미친다. 기질은 그 사람의 전체적 모습(외모)에도 반영되고 행동에도 반영된다. 특히 사람의 얼굴 모습과 표정에도 반영된다.

우리가 기질이라고 부르는, 영혼에서 유래된 그 독특한 특징stamp은 타고난 것이다. 즉, 그것은 우리의 의식과 의지가 작용하기 전부터 우리 각자에게 있었다. 또한 그것은 우리의 의식적인 존재와는 무관하게 일생 동안 우리 안에 남아 있을 것이다. 확실히 우리는, 마음과 의지를 통해 우리의 기질에 영향을 미칠 수 있다. 그리고 우리는 정말로 그렇게 해야만 한다. 그러나 기질은 인간의 의식보다 더 깊은 곳에 있다. 이 사실은 너무도 명백하다. 왜냐하면 의식이 행동과 태도에 대한 통제력이 약해졌을 때, 그때 우리의 기질이 가장 뚜렷하게 드러나기 때문이다.

그렇다면, 그 기질은 우리 존재 안의 어떤 부분에 뿌리를 두고 있는 것이 분명하다. 그 부분을 무의식 혹은 잠재의식이라고 부를 수 있는데, 우리는 지성을 통해 그 부분에 침투할 수 없으며 의지를 통한 통제도 매우 제한되어 있다. 이러한 이유 때문에 우리의 정신적인 삶에서 기질이 그토록 중요한 역할을 하는 것이다. 잠재의식으로부터 끊임없이 흘러나오는 그것은 우리의 의식적인 삶에 영향을 미친다. 그것은 본능적인 힘이며 끊임없이 집요하게 작동한다.

기질은 깊은 곳에서 자동으로 작동하면서 정신적인 삶에 끊임없이 깊은 인상을 준다. 기질은 의식적인 사고thought와 의지will가 있는 곳까지 나올 필요가 없다. 자발적이든 비자발적이든, 그 어떤 정신에서 비롯된 행동도 기질에 의해 어느 정도 영향을 반드시 받게 된다.

그것은 마치 샘에서 흐르는 물과 같다. 땅 속 깊은 곳에서 그 빛깔과 그 강인함을 취하여 나온다. 따라서 이 하나의 샘에서 뿜어져 나오는 모든 물은 같은 성질의 것이 된다. 그러나 그것이 밖으로 표출되었을 때, 우리는 그것을 사용할지 말지를 결정할 수 있다. 그것을 있는 그대로 사용할지 혹은 그것의 질을 향상시키기 위해 무언가를 첨가할지, 우리가 결정할 수 있다.

기질은 무의식 속에 그 뿌리가 있기 때문에, 그것은 우리의 의식적 삶, 즉 감정emotions, 마음minds, 의지wills에 필수불가결한 영향을 미친다. 우리는 의식적인 노력과 의지를 통해 그것에 대항하거나 혹은 그것으로부터 벗어날 방법을 찾을 것이다. 여기서 나는 우리들 중 그 누구도 기질의 힘으로부터 빠져나갈 수 없다는 사실을, 그리고 기질의 힘을 피하려고 해서도 안 된다는 사실을 강조하고 싶다. 정상적인 사람이 섹스 없이는 태어날 수 없는 것처럼, 정상적인 사람이 기질 없이 태어날 수는 없다. 이 본능적인 힘은 우리의 정신적 삶에 특정 색깔을 부여하는데, 그것은 크든 적든 인생의 첫 시간부터 마지막 시간까지 우리 안에 머문다.

이러한 진리가 '기질은 그 사람의 품성과 관계있다.'라는 뜻으로 해석되어서는 안 된다. 기질은 그 사람의 도덕적인 생활과는 아무런 관계가 없다. 기질은 ― 마음과 의지의 도움을 받아 ― 좋은 쪽으로든 나쁜 쪽으로든 잘 이용될 수 있다. 어떻게 하면 기질을 잘 이용할 수 있는지 이것을 우리가 조사하려는 것이다.

기질은 '영혼이 있는 생명이 기능하는 것'에만 관련이 있다. 기질이 화음을 울리면 그것에 맞춰 영혼이 노래한다. 또한 기질은 박자를 정하고 리듬을 조절한다. 그리고 그 리듬에 맞춰 영혼과 몸이 자연스럽게 움직인다.

기질은 우리 삶의 여러 가지 요소들(감정, 마음, 의지)을 결합시키는 방식을 통해, 혹은 그것들에 작용하는 방식을 통해 화음과 박자를 결정한다. 위대한 음악은 몇 개의 음조들musical tones로 그리고 그것들의 변화들로 작곡된다. 이와 마찬가지로, 영혼의 으뜸음들keynotes이 무한한 방법으로 변화하여 합쳐짐으로써 기질들은 더욱더 다양해질 수 있다.

'기질'이라는 단어는 흔하게 쓰이며 우리 모두는 그것이 무엇을 의미하는지 알고 있다. 그러나 개개인의 기질에 대한 논의를 진행하기 전에 조금 더 자세히 검토해 보자.

이 기질이라는 단어는 라틴어 템퍼라멘툼temperamentum에서 왔다. 그리고 이 라틴어는 '체액의 혼합'을 의미한다. 이것은 고대의 의학적 믿음과 관련이 있는데, 바로 '신체 안에 네 가지 액체(혈액, 가래, 노란 담즙 그리고 검은 담즙)가 존재한다.'라는 믿음, 그리고 '사람들의 기질 차이는 이러한 액체의 혼합 비율의 차이일 것이다.'라는 믿음이었다.

그들은 액체의 혼합물에서 어떤 액체가 우세하느냐에 따라 네 가지 종류의 기질이 존재한다고 생각했다.

1) 다혈질sanguine(혈액): 혈액이 풍부하고 따뜻하고 생기가 넘친다.
2) 우울질melancholic(그리스어 '검은 담즙'이라는 말에서 유래했다): 어둡고 침울하다.
3) 담즙질choleric(그리스어 '노란 담즙'이라는 말에서 유래했다): 성급하고 난폭하다.
4) 점액질phlegmatic(그리스어 '점액', '가래'에서 유래했다): 침착하고 느리고 나태하다.

이와 같은 기질에 대한 체액 개념은 이미 오래전에 퇴출되었다. 우리는 기질이 체액이나 물질 등에 의해 결정된다고 더 이상 믿지 않는다. 하지만 그 표현들은 살아남아 네 가지 유형이 존재하게 되었다.

그리고 이제 화두는 '우리가 기질에 대해 그리고 기질 간의 차이점에 대해 말할 때, 그것들은 정말로 무엇을 의미하는 것인가?'라는 것이다.

어떤 이들은 "기질이란 영혼이 타고난 디자인을 의미하며, 세 가지 생명 요소 중 어느 것이 다른 요소보다 우세하느냐로 어떤 기질인지가 결정된다."라고 대답한다. 그러한 정의는 개인을 '충동적인 사람', '사려 깊은 사람', '의지가 강한 사람' 등으로 분류하는 것과 같다.

이 정의에는 타당한 반대가 없다. 그러나 세 가지 분류법은 이 주제에 대한 전통적인 가르침과 상반되며 또한 오래되고 친숙한 용어와 이질적이다. 그리고 이 세 가지 분류체계에서는 네 가지 체액에 대한 고전적인 개념을 삭제해 버렸다.

기질에 대한 관습적인 정의는 다소 다르다. 관습적인 정의로 본다면 기질이란 '감정, 지성, 의지라는 세 가지 영혼의 힘을 다양한 방법으로 혼합한 것'이다. 그러나 우리가 생각하기에는 기질은 이 '세 가지 능력의 상호관계'가 아니다.

어떤 사람들은 이렇게 주장한다. '사람들 간의 차이점은 한 사람이 그의 환경으로부터 받은 인상들에 대해 반응react하는 그 방식에 달려 있다.'라고 말이다. 여기서 '반응'이라는 표현은 정말로 '반작용으로 행동한다.' 혹은 '되받아쳐 작동한다.'를 의미한다. 심리학의 영역에서 그것은 어떤 외부의 영향이나 자극에 의해 유도된 '영혼의 모든 활동'을 가리키는 말이다.

그러므로 우리는 '기질이란 주변 환경에 대한 영혼의 본질적인 반응 방식'이라고 말할 수 있다. 이러한 반응 자체가 '반응하는 그 사람'을 가장 잘 나타내 주는 것이다. 주변 환경이 어떻게 사람의 감정, 지성, 의지에 영향을 미치는지 우리가 이해한다면, 우리는 이러한 반응 자체가 '반응하는 그 사람'을 가장 잘 나타내 준다는 사실을 쉽게 이해할 수 있다. 따라서 기질들 사이에 존재하는 차이는, (외부로부터 영향을 받는) 마음과 영혼의 다양한 반응, 다양한 작용에서 발견될 수 있다(기질에 따라 마음과 영혼이 — 외부에 대해 — 반응하는 모습이 다르고 따라서 마음과 영혼이 신체를 통해 발현되는 모습도 다르다). 기질 차이가 작동하는 것은 마음에서인가? 감정에서인가? 의지에서인가? 셋 중 어느 것에서 가장 강하게 작용하여 행동을 유발시키는 것인가? 혹시 한 가지에서 기질이 작동되지 않는 대신 나머지 두 가지에서 더 강하게 작동되는 것인가? 아니면 세 가지 모두가 동등한 반응들을 가지고 있는가?

여러 가지 기질을 조사하기 전에, 오해 예방을 위해 몇 가지 언급이 필요할 것 같다. 기질이란 상상적인 양이다. 우리가 여기서 기술한 것처럼 그것들은 삶에서 구체적으로 명확하게 보이지 않는다. 그리고 모든 사람들은 어느 정도 혼합된 기질을 갖고 있다. 따라서 어느 누구도 '순수한' 하나의 기질의 예가 될 수는 없다.

어떤 이는 이렇게 물을지도 모른다. "만약 그 네 가지 기질이 삶 속에서는 발견되지 않고 단지 우리의 생각 속에서만 존재한다면, 그렇다면 왜 당신은 그 네 가지를 묘사하려고 합니까? 상상의 인물 대신 실제 인물을 묘사하는 것이 어떻습니까?"

이 질문에 대한 답은 다음과 같다. 모든 사고thinking란, 각각의 현상들을 각각의 관련된 그룹들로 분류하여 모으는 그런 것이다. 우리는 이러한 것을 개념concepts, 혹은 사상ideas이라고 부른다. 예를 들어, ─ 돌에 대한 개념을 정의할 때 ─ 어떤 대표가 되는 관념적 돌을 정해 놓고, 색상, 형태, 크기, 무게, 단단함 또는 가치 등이 어떠한지 상관없이 일단 돌의 특성을 갖고 있다면 그것을 돌에 포함시킨다. 그러나 우리 모두는 그 개념을 대표하는 이상적인 돌은 실제로 존재하지 않는다는 것을 알고 있다. 그것은 단지 상상의 개념일 뿐이다.

그럼에도 불구하고 그러한 개념들은 우리에게 매우 중요하다. 그것들은 우리가 사물에 대한 포괄적인 시각을 얻게 해 주고 ─ 매일매일의 삶 속에 존재하는 ─ 무한히 다양한 인상들 사이의 관계를 이해할 수 있게 해 준다. 만약 우리가 인간, 동물, 나무, 돌, 물, 말, 개, 소, 고양이와 같은 일반적인 용어를 혹은 보편적인 개념을 갖고 있지 않다면 어떨지 잠시 생각해 보라.

마찬가지로, 우리가 네 가지 기질에 대해 이름을 붙이고 성격의 다양한 특성들을 분류하여 각각의 특정한 개념 아래로 모으는 것도 이상할 것도 없고 쓸모없는 것도 아니다.

내가 말하고 있는 것은 이론적인 흥미 이상의 것이다. 그것은 실질적인 의미가 있다. 우리는 먼저, 우리들 중 어느 누구도 여기에 묘사된 극단적이거나 이상화된 그런 기질을 갖고 있지 않다는 것을 이해해야 한다. 우리 모두는 몇 가지 — 이 책에서는 네 가지 — 기질들의 다양한 조합을 가지고 있다. 우리가 어떤 사람이 다혈질 기질을 가지고 있다고 말할 때, 우리는 그가 다른 특징들이 부족하다는 것을 의미하는 것이 아니다. 우리는 단지, 그 사람이 가진 혼합된 기질 중에서 다혈질 기질이 우세하다는 것을 의미하는 것일 뿐이다.

다혈질 기질
• The Sanguine Temperament •

'다혈질sanguine'이라는 단어는 피를 의미하는 라틴어 상귀스 'sanguis'에서 유래했다. 피는 따뜻한 액체이기 때문에 다혈질sanguine은 따뜻하고, 활발하고, 생기 넘치는 기질을 가리키는 단어가 되었다.

주위 환경에 대해 다혈질 사람의 태도는 수용적이다. 외부로부터 온 인상impressions들은 그의 마음과 사고방식에 쉽게 가까이 다가갈 수 있다. 이렇게 외부의 인상들을 잘 받아들이는 수용적인 특성에 대한 설명은 다음과 같다. 즉, 다혈질 기질의 사람은 상당히 감성적이라는 것이다. 그리고 실제로, 외부에서 온 인상으로 인해 가장 쉽게 동요되는 것은 사람의 감정이다.

다혈질 사람이 어떤 것을 보거나 들을 때, 가장 큰 영향을 받는 것은 그의 사고방식mind이 아니다. 그는 고뇌하지도 않을 것이고 곱씹어 생각하지도 심사숙고하지도 않을 것이다. 그의 반응은 순수하고 직설적이다. 그는 감정을 나타내는 것을 주저하지 않는다. 그의 반응은 천진난만하고 직선적이다.

그의 의지 또한 꿈쩍하지 않는다. 그는 경험을 토대로 해법을 찾거나 경험을 근거로 행동을 취하지 않는다. '행동으로 옮기는 것'은 다혈질 사람의 특징이 아니다.

그렇다고 다혈질 사람이 조용하고 차분하다는 뜻이 아니다. 오히려 활달하고 안절부절못한다. 그의 행동은 자신이 맞닥뜨린 환경에 대처하려는 결심에서 나온 것이 아니다. 그의 행동은, 외부의 것을 직접적으로 받아들이는 그의 수용적인 천성에서 비롯된, 다소 차분하지 못한 휘둘리는 성향 때문에 나온 것이다. 외부로부터 온 인상은 그에게 쉽게 영향을 미치지만, 그가 맞닥뜨리는 어떤 일에 대처하도록 만들어 주지 않는다.

그의 안절부절못함은 그의 열린 마음으로 그리고 수용적인 마음으로 몰려드는 '엄청난 인상들' 때문이며, 또한 이러한 인상에 휘둘려 이성을 잃은 그의 충동 때문이기도 하다. 그는 그 외부 인상들 중 그 어느 것 하나 흘려보내지 않는다. 그리고 이제 그 인상들은 하나씩이 아닌 동시에 떼 지어 몰려든다. 그러한 인상들은 다른 사람들의 경우에는 그들을 심사숙고하게 한 후 행동하도록 만들지 모르겠지만, 다혈질 사람에게서는 단지 어떤 기분만을 유도할 뿐이다. 이것이 바로 본질이다.

그래서 사람들이 다혈질을 '즐기는 기질'이라고 부르는 것은 너무도 당연하다. 대부분의 경우, 다혈질 사람이 경험하는 것은 그를 생각하게 하거나 행동하도록 만들지 않는다. 그는 단지 그것을 즐기고 있을 뿐이다. 그리고 그는 자신에게 일어나는 모든 일들로부터 빠르고 강하게 영향 받기 때문에 색다른 즐거움을 느낄 수 있는 능력을 가지고 있다.

시간이 좀 지나면, 그는 지나친 감상주의로부터 쉽게 깨어난다. 그러나 한 줄기 햇빛, 나비, 작은 꽃 한 송이는 그 순간 그를 충분히 행복하고 즐겁게 만든다. 이것은 바로, 인상들이 그의 감성적 삶 속에 돌진해 들어올 때 그가 그것에 대해 어떠한 심사숙고도 하지 않아 결국 그 인상들은 아무런 방해도 받지 않는다는 것을 의미한다. 그는 순수하게 깨어 있는 상태로 자신을 내맡긴다.

그는 다양하고 많은 인상들에 대해 개방적이기 때문에 감정이 빠르게 변한다. 그는 감성적으로 풍요롭고 다양한 삶을 산다. 새로운 인상은 끊임없이 옛것을 대체하고 기분은 다른 기분으로 끝없이 이어진다. 다혈질 사람은 직선적이고 순진무구하다. 그는 몸집이 커다란 아이child다. 그는 소리내어 생각한다. 그가 하는 말은 쉽고 빨리 이해된다.

그가 하는 말들은 지나치게 심사숙고한 생각에서 나온 것도 아니고 지나치게 신경 쓴 계획과 결정을 통해 나온 것도 아니다. 그의 말은 자유롭고 거리낌 없다. 풍부하고 감성적인 천성으로부터 나온 그의 말은, 생생하고 신선하며 온기가 넘친다. 그가 하는 대화는 감정이 잘 전달되고 전염성이 있다. 그의 말은 그가 가진 것과 같은 기분을 듣는 사람에게 전달한다.

가장 흔하고 별 볼일 없는 것들에 대해 이야기하는데도 흥미와 공감을 불러일으키는, 그런 놀라운 사람들이 있다는 것을 우리는 알고 있다. 그가 말할 때 우리는 온 마음을 다해 경청한다.

우리는 그런 사람들과 이야기하는 것을 좋아한다. 비록 서로 말하고자 하는 것이 엄청나게 중요하지 않을지라도 그것은 일종의 즐거운 경험이다. 이것을 한마디로 표현하면, 그는 가장 매력적이고 생생한 모습으로 우리를 사로잡는 다혈질 기질의 사람이다.

따라서 다혈질 사람은 친구나 지인을 사귀는 데 아무런 문제가 없다. 그의 순수하고 자발적이며 온화한 본성으로 인해 그의 마음은 항상 열린 상태가 된다. 집에 있거나 밖에 있거나, 직장에 있거나, 여가를 즐기는 중이거나, 땅 위에 있거나 바다 위에 있거나, 그 어디에 있든, 그의 마음은 열려 있고 그는 격식을 차리지 않고 친근하게 말하며 활기차고 즐겁다.

예를 들어, 우리 모두가 그를 만난 적 없이 기차에서 처음 만났다고 가정해 보자. 노르웨이식 태도 특성상, 우리는 완전히 침묵을 지키며 앉아 있었다. 우리는 동료 승객들에게 아무런 관심을 보이지 않았다. 그리고 이 명랑한 친구가 들어왔다. 너무나 많은 사람들 사이에서 너무나 많은 인상들(느낌, 자극)이 그 자신에게 몰려와 그는 침묵을 지킬 수가 없었다. 그는 말하고, 미소 짓고, 웃고, 우리의 마음을 따뜻하게 해 주었다. 그러자 마치 그 객실 한 칸 전체가 변한 것 같았다. 우리는 행복하고 재미있는 시간을 함께 보내며 자연스럽고 순수한 인간으로 거기에 앉아 있었다.

다혈질 사람이 주위에 있으면 결코 지루하지 않다. 그에게는 항상 무슨 일이 일어나는데, 그는 그것에 대한 모든 것을 우리에게 말해 준다. 게다가 그는 우리를 종종 놀라게 한다. 그는 예측할 수 없다. 그는 규칙과 규율에 얽매이지 않는다. 그는 옆길로 새기를 좋아한다.

그의 문제는 그가 모든 인상들에 대해 개방적이라는 점이다. 유쾌하고 영감을 주는 사람들뿐만 아니라 어둡고 낙담하는 사람들까지도 말이다. 작은 불운, 약간의 실망, 약간의 짜증이나 모욕, 그는 이러한 작은 일들에 대해서도 심각하게 낙담하고 실의에 빠질 수 있다! 슬픔이나 역경 속에서 그는 마음이 울적하다. 그는 쉽게 울어 버린다.

그럼에도 불구하고 그는 계속해서 자신의 변화무쌍한 모습을 유지하고 있다. 다음 순간에 뭔가 유쾌하거나 코믹한 일이 일어난다면 그의 눈물은 사라진다. 그의 웃음소리는 다시 한 번 행복하고 쾌활해진다.

그는 가장 이상한 정반대의 모습이 되기도 한다. 그는 갑작스럽게 가장 괴상한 마음을 먹기도 한다. 그는 변덕이 심하다. 다혈질 성향의 사람에 대해 잘 모르는 사람은 그러한 순간에 쉽게 그를 오해할 수도 있다. 그러나 만약 우리가 그의 변화무쌍한 기질을 알고 있다면, 우리는 이러한 급격한 변화를 그의 충동적 본성의 발현으로 여길 것이다.

다혈질 사람은 따뜻한 감성을 가진 사람이다. 그래서 그는 흥분할 수도 있다. 그리고 그가 그렇게 흥분했다면 그는 실제로 화가 난 것이다. 그의 눈은 분노로 타오른다. 그러나 그는 여전히 말할 수 있다! 그는 너무 화가 나면 스스로를 거의 억제할 수가 없다. 그는 생각하는 그대로 즉시 말한다. 화가 났을 때에도 그의 말은 평소와 같이 생생하고 강렬하다. 그러나 그 어떤 것도 다혈질 사람에게서 오래 머물러 있지 않는다. 심지어 분노까지도 말이다. 새로운 인상들이 밀려온다. 그는 자신이 화를 낸 상대방을 오히려 불쌍히 여기기 시작하고, 너무 화를 낸 자신을 부끄러워하기 시작한다. 그가 화내는 순간에 그렇게 중요하게 보였던 것이 지금은 대수롭지 않게 여겨진다. 어떻게 그런 사소한 일로 그렇게 속이 상했을 수 있었는지 본인도 이해할 수가 없다. 그가 모든 것을 잊게 되는 데 그리 오래 걸리지 않는다.

다혈질 사람보다 더 겸손하고 더 잘 사과하는 사람은 없다. 심리학적으로 이와 같은 유형의 사람은 감정의 전환이 빠르다. 게다가 그가 가진 따뜻하고 세심한 성격도 이러한 경향을 강화시킨다. 그리고 그가 용서를 빌 때, 그는 진심으로 용서를 비는 것이다.

Strengths of the Sanguine Temperament
다혈질 기질의 강점

다혈질 사람은, 현재를 사는 — 신이 주신 — 능력이 있다.

이것은 우리 모두가 해야 할 일이지만, 거의 하지 않는다. 우리들 중 몇몇은 기억에 사로잡혀 과거 속에 살고 있다. 다른 사람들은 미래에 대한 걱정으로 현재를 충실하게 살지 못하고 있다. 두 가지 태도 모두 우리가 진정으로 충실한 삶을 사는 것을 방해한다. 즉, 현재에 충실하게 지금 이 순간 속에 산다는 것은, 현재가 주는 감각에 맞춰 행동하면서 동시에 그 순간에 집중하는 것을 의미한다.

신은 이런 종류의 생활을 완벽하게 해낸다. 그것은 그가 영원하기 때문이다. 영원이란 무엇인가? 사람의 마음으로는 그것을 헤아릴 수 없다. 우리는 그것이 아닌 것에 대해서만 조금 말할 수 있을 뿐이다. 하지만 나는 신의 영원성이 그가 지금 영원한 '현재'를 살고 있다는 사실과 깊은 관계가 있다고 생각한다. 영원부터 영원까지, 이 모든 것이 하나님 앞에 모여서 하나의 '현재'가 된다.

예수는 이것에 관한 신의 계시였다. 예수의 전 생애를 보면 시대를 초월한 영원한 그 무언가가 있다. 그리고 사실 예수는 항상 완전히 현재 속에 살았다. 그에 대한 다양한 설명을 읽는다면, 당신은 그의 모든 인격이 그의 모든 말과 행동 속에 어떻게 응축되어 나타났는지 알게 될 것이다. 그는 완전히 현재 속에서 살았고, 생활했고, 행동했고, 친구들과 이야기를 나누었고, 적을 꾸짖었다.

우리의 삶이 중요하지 않은 것처럼 보인다면, 그것은 대부분 우리가 현재에 살지 않기 때문에 그런 것이 아닐까? 우리는 우리의 에너지를 집중시키지 않고 흩어지게 만든다. 우리는 현재 속에 존재하지 않고, 현재 속에서 행동하지 않는다. 우리의 일부는 과거에, 우리의 일부는 미래에 사로잡혀 있다.

다혈질 사람은 현실주의자다. 그는 언제나 그 순간에 충실하다. 그는 지금 현재 속에 살고 있다.

그는 다른 사람의 생각과 감정을 헤아릴 수 있다.

그는 수용적이고 동정심이 많은 성격 때문에 이렇게 할 수 있다. 그는 주위 환경에 쉽게 적응할 수 있기 때문에 모든 계층의 사람들 사이에서 편안하게 행동할 수 있다. 우리 모두는 우리와 우리 일에 관심이 있는 사람들을 좋아한다. 사실 우리는, 우리에게 관심 있는 사람만큼 흥미로운 사람은 없다고 생각한다.

다혈질 성향의 사람은 바로 이 부분에 강점이 있는 것이다. 그가 동료들의 삶과 관심사에 참여하는 것은 그에게 있어서는 지극히 당연한 일이다. 그리고 실제로 감동받았기 때문에 그는 진심에서 나온 따뜻한 마음으로 다른 사람들과 이야기할 수 있다.

다혈질 성향의 사람처럼 매력적인 사람은 없다. 그에게는 우리 모두를 끌어들이고 우리의 마음을 사로잡는 신이 내린 은총이 있다. 그는 모든 사람들의 모든 문을 열 수 있을 것 같다. 확실히, 그는 똑같이 쉽게 그 문들을 다시 닫게 만드는 성향도 있다. 그러나 이런 실패가 있다 하더라도, 그것이 '눈에 보이지 않는 추천서'라고 불리는 그의 능력을 빼앗지 못한다. 다른 사람들은 자신들의 마음의 힘과 의지를 갖고 고군분투를 해야만 추천서를 받을 수 있다. 그러나 그에게는 '눈에 보이지 않는 추천서'가 항상 있다.[3] 그들은 힘들게 얻은 추천서를 갖고 있더라도 실패할 수 있지만, 다혈

---

3) 그에게는 종이로 된 추천서가 없더라도 남의 마음을 사로잡는 특별한 능력이 있다. 본문에서는 이것을 눈에 보이지 않는 추천서라고 비유적으로 표현했다. - 역주

질 사람은 바로 그곳에서 쉽게 승리한다.

다혈질 사람은 선천적으로 꾸준히 경력을 쌓아 나가는 능력을 갖고 있다. 그러나 물론, 성공적인 경력은 성격character에 달려 있다. 또한 우리가 곧 알게 되겠지만, 성격은 종종 다혈질 사람의 약점이 되기도 한다. 대체로 그는, 삶이 그에게 지속적으로 제공하는 화려한 기회를 이용하지 않을 것이다.

다혈질 사람은 다정하고 공감을 잘하며 호의적이다.

우리는 진심으로 이렇게 말할 수 있다. 그는 기쁜 일에는 더 크게 기뻐하고, 슬픈 일에는 더 크게 흐느껴 운다. 이러한 성향은 그의 본성의 일부다. 따라서 그는 자연스럽게 이렇게 행동하게 된다. 그에게는 이렇게 하기 위한 어떤 노력도 필요하지 않다.

우리가 행복할 때 다혈질 사람을 만나는 것은 즐거운 일이다. 그는 회의적인 태도, 비판, 조롱 등으로 우리의 행복을 방해하지 않는다. 그는 조금도 트집 잡지 않고, 즉시 우리의 기쁨을 함께 나눈다. 우리 모두는 우리의 기쁨을 망치지 않고 오히려 더해 주는 사람들에게 감사한다.

우리가 슬플 때 다혈질 친구를 만나는 것도 또한 좋다. 비록 그의 말이 큰 의미는 없을지 모르지만, 엄청난 슬픔이 찾아왔을 때 진짜 위로가 되는 말을 누가 해 줄 수 있는지 둘러보라. 다혈질 사람이 타인의 슬픔을 본능적으로 어떻게 느끼는지 보라. 그는 진심으로 공감하고 우리보다 더 슬퍼한다. 그러므로 그는 우리에게 말보다 더 많은 것을 준다. 그는 감정을 드러낸다. 진실로 그것보다 더 위로가 되는 것이 이 세상에 또 있을까? 아무리 예리하고 고상한 사람들조차도 이해할 수 없는 것들을, 그는 마음으로 이해한다.

예를 들어, 다혈질 사람은 병자를 돌보는 데 선천적으로 재능이 있다. 게다가 그가 이 특성을 잘 발달시켰다면 이 분야에서는 그 누구도 그를 능가할 수 없다. 경험이 풍부한 간호사조차도 혹은 철저한 사람조차도 실수로 환자에게 무심한 태도를 보이지만, 그는 그런 실수를 저지르지 않는다.

또한 다혈질 사람은 아이들과 어울리는 타고난 소질을 가지고 있다. 그는 부분적으로는 정말로 어린 아이다. 그리고 그는 평생 그 상태다. 그는 소박하고 직설적이기 때문에 아이들은 그에게 끌린다. 그는 모든 것을 구체적으로 경험한다. 그리고 그가 그의 경험에 대해 이야기할 때, 그것은 마치 아이들 스스로가 그것을 경험하고 있는 것 같다. 그가 가는 곳마다 아이들이 몰려든다. 엄마, 아빠, 선생님, 가정부 등 아이들과 함께 일하는 곳에서 그토록 유용한 재주를 가진 사람은 다혈질 사람밖에 없다.

다혈질 사람은 풍요로운 삶을 누리는 능력이 있다.

그는 삶의 풍요로움을 볼 수 있는 눈이 있다. 그는 그 누구보다도 더 많이 보고, 더 많이 듣고, 더 많이 느끼고, 더 많이 이해한다. 그는 색과 형태, 자연과 예술, 사람, 동물과 식물, 그리고 그 외 크고 작은 모든 것들에 대해 예리한 안목을 가지고 있다.

그의 마음과 정신은 다양하고 변화무쌍한 인상으로 가득 차 있다. 그는 지루함을 느낄 틈이 없다. 그는 현재에 살고 있기 때문에 항상 무엇인가에 몰입해 있다.

그의 행복은 큰 일뿐만 아니라 작은 일에도 몰입할 수 있다는 사실에서 비롯된다. 우리들 대부분에게 있어 일상생활이란 대부분 사소한 일들로 이루어져 있다.

Weaknesses of the Sanguine Temperament
다혈질 기질의 약점

다혈질 사람은 깊이가 없고 변덕스러운 듯하다.

그것은, 그 순간 그가 어린 아이이기 때문이다. 이번에는 이것이 그의 단점이 된다. 그는 지금 이 순간 속에 산다. 그러나 그런 방식에서는 삶에 대한 일관성이 부족해진다. 각각의 새로운 인상은 그 이전에 있었던 인상을 쫓아낸다.

나비가 한 꽃에서 다른 꽃으로 날아가듯, 감수성이 풍부한 그의 마음은 한 감성에서 다른 감성으로 날아간다. 그는 그것들이 존재하는 동안 그것들을 충분히 즐기지만, 그것들이 새로운 인상에 의해 쫓겨나면 그는 그것들과의 관계를 끊는다.

우정에서도 그는 이러한 특징을 보인다. 그가 친구를 만날 때 얼마나 다정하고 얼마나 상냥하고 심지어 능청스럽기까지 하는가! 그 친구는 자기 외에는 다혈질 사람에게 다른 친구가 없다는 인상을 받고, 이 특별한 사람(다혈질)에게 모든 애정을 쏟는다.

그러나 거리의 다음 모퉁이에서 다혈질 사람은 또 다른 친구를 만나 조금의 거리낌도 없이 지금 만난 그에게 애정을 강하게 드러낸다. 이제 첫 번째 친구는 분명히 잊혀졌다. "눈에서 멀어지면, 마음에서도 멀어진다." 이 말은 정말로 다혈질 기질의 천성을 너무도 잘 묘사한다. 그는 자신의 우정관계에서 일관성도 없고 충실함도 부족하다.

그렇다고 해서 이러한 사실이 '그의 활기찬 태도는 단순한 눈속임에 불과하다.'라는 것을 의미하는 것이 아니다. 절대로 그렇지 않다. 사실, 그 순간 그가 그렇게 행동한 것은 바로 그 순간 그가 느꼈던 것 그 자체였다. 하지만 그 순간이 지나자 그는 다른 누군가에 대해 혹은 다른 어떤 것에 대해, 아까와 같은 풍부한 감정을 느꼈다. 그래서 그는 다음에 다시 만날 때까지 '아까 그 친구'를 잊고, 이전과 같은 진심 어린 마음으로 '새로운 친구'를 만나 인사를 나눈다.

그는 자신의 관심사 속에서도 비슷한 변덕이 있다. 그는 쉽게 그리고 강하게 어떤 것에 관심을 갖게 된다. 그는 늘 그렇듯이 매우 솔직하고 의사소통을 잘한다. 그는 그 순간 사람들의 지지를 이끌어 낸다. 그는 영리한 정치 운동가이며 뛰어난 선동가다. 그러나 그는 항상 새로운 인상에 열려있다. 얼마 지나지 않아 그는 자신을 강하게 사로잡는 또 다른 새로운 아이디어를 발견하게 된다. 그리고 나서 이전의 첫 번째 아이디어에 대한 그의 열정은 완전히 사라진다.

우리 모두는 이런 유형의 사람들을 만나 왔다. 우리가 그들을 볼 때마다 그들은 새롭고 흥미로운 것들에 사로잡혀 있다. 그 새롭고 흥미로운 것은 이전의 것보다 훨씬 더 중요한 이유를 매번 가지고 있다.

다혈질 사람은 자신의 일에 있어서도 똑같은 변덕을 보인다. 그 누구도 미완성된 일들을 그 사람처럼 많이 갖고 있지 않다. 다혈질 여자의 서랍 안에는 바느질을 하다 중단한 많은 양의 바느질감들이 있을 것이다. 만약 다혈질 사람이 문학적 소질이 있는 사람이라면 그는 완성하지 못한 많은 원고를 가지고 있을 것이다.

그는 엄청난 흥미를 가지고 각각의 일을 시작한다. 물론, 대단한 열의를 갖고 말이다. 그러나 잠시 후, 그는 그의 모든 관심을 사로잡는 또 다른 일에 착수한다. 그는 갑작스럽게 첫 번째 일을 포기한다.

연애 문제에 있어서 그의 변덕은 특히 더 위험하다. 우선, 그는 감수성이 매우 풍부하다. 그의 따뜻한 감성적인 본성은 지금 막 끓는점에 도달했고 방금 전까지의 모든 다른 관심사는 저쪽으로 밀려났다. 그에게 있어 지금 눈앞에 있는 소녀와 동일한 그런 소녀는 전 세계에서 찾아볼 수 없다. 지금 두 사람이 함께 느끼고 경험하는 것은 매우 특별하다.

그러나 대체로 이 사랑의 열병이 끝나는 데에는 그리 오래 걸리지 않는다. 그는 다른 젊은 여성들을 주목하기 시작한다. 그는 곧, 늘 그렇듯이, 또 다른 사람과 혹은 또 다른 것과 열정적으로 사랑에 빠진다.

그는 믿을 수 없다.

이 말은 '그는 불성실하다, 그는 위선적이다, 그는 거짓말을 하고 있다.'라는 것을 의미하는 것이 아니다. 아니, 사실 그는 열린 마음을 가지고 있고 또한 선하다. 그는 비록 깊이 생각하지 못하고 피상적이며 게다가 변덕스럽기까지 하지만, 그럼에도 불구하고 그는 천진난만하고 순수하다.

그가 일부러 그렇게 하려고 의도한 것은 아니지만 그는 약속과 의무를 모두 잊어버린다. 그는 사방에 약속을 한다. 그가 약속을 하는 그 순간에는 그 약속을 지킬 생각이었다. 하지만 그 순간이 지나가면 약속은 잊혀진다. 그는 때때로 그 약속들 중 몇 개를 기억할지도 모르지만, 그는 자만심과 나약함으로 인해, 정말로 약속을 이행할 수 없었을 거라고 여겨질 수 있는 핑계를 댄다. 그가 많은 관심을 보이고 결국 약속을 한 것은 그 당시에는 정말로 충분히 그럴 만했다! 모든 것을 이런 식으로 바라보는 것은 그의 천성과 일치한다. 그의 천성으로 본다면, 다른 사람에게 행동을 하도록 의지를 불러일으키는 일, 즉 '타인에게 동기를 부여하는 일'은 그에게 어울리는 일이다.

요약하자면, 그가 말하는 것을 신뢰하기는 어렵다. 그가 언제 약속을 지킬지, 혹은 언제 지키지 않을지, 이것들은 결코 알 수 없는 일이다. 그러므로 그와 어떤 거래도 하기 어렵다.

이러한 약점들로 인해 다혈질 성향의 사람은 그의 재능에 맞는 좋은 결과를 얻지 못할 것이다. 그의 인생과 직업은 모두 조각날 것이다. 다혈질 사람은 좋은 의도와 부지런한 행동에도 불구하고 비교적 별 볼일 없는 삶을 사는 경우가 많다. 그의 삶은 훌륭하지만 완성되지 못한 삶의 목표로 가득 차 있다.

Hints for Pastors and Spiritual Counselors
목사와 영적 상담사들을 위한 유의사항

다혈질 성향의 사람은 환경에 의해 쉽게 주조molded된다. 그는 타인의 입장과 감정을 쉽게 이해한다. 기독교로 아직 전향하지 않은 다혈질 기질의 사람이 진정한 기독교인들과 관계를 맺을 때, 그는 그들에게서 쉽게 영향을 받을 것이다. 그들의 인생 목표와 그들의 이야기는 그에게 깊은 인상을 줄 것이다. 그는 그를 둘러싼 기독교 분위기에 순순히 적응할 것이다. 그는 기독교인들의 대화에 큰 어려움 없이 참여할 수 있다. 노래와 그 밖의 어떤 것이든 기독교의 정서적 매력을 강조한다면, 그것이 그에게 특히 더 영향을 미칠 것이다. 그는 아직 전향하지 않은 상태이지만, 이 모든 것에 있어서 그는 위선일지 모른다는 죄책감 없이 참여할 수 있다. 참여한 그곳에서 다시 그는 자신의 단순명쾌함과 성실함 덕분에 가속도가 붙을 것이다.

다혈질 사람은 영적으로 깨닫기가 쉽다. 그는 자신의 감정에 호소하는 하나님의 말씀에 대해, 하나님의 무한한 사랑에 대해, 죄에 대한 끔찍한 결과와 벌 그리고 특히 그중에서도 예수님의 고통과 죽음에 대해 틀림없이 감동받을 것이다.

그는 특히 부흥 전도 집회에서 강한 영향을 받을 것이다. 깨달음은 보통 빠르게 나타나며 종종 격렬한 울음을 동반한다. 늘 그렇듯이, 그는 말을 잘한다. 그는 자신의 감정을 숨기지 않는다.

이 강렬한 슬픔은 환희의 기쁨으로 빠르게 변한다. 모든 것이 쉽고 빠르게 이어진다. 그것은 돌바닥에 떨어진 씨앗과 같다. 싹은 빠르게 돋아났지만 뿌리가 없어 빠르게 시들었다. 그러나 예수님께서 말씀하셨듯이, 그들은 '기쁨으로' 그 가르침을 받았다(마 13:5, 6, 20, 21).

부흥 전도 집회에서 다혈질 사람은 스스로를 열정적으로 표현한다. 그는 행복하고, 열정적이고, 유창하다. 그는 자신이 경험한 것에 대해 다른 사람들의 관심을 불러일으킬 수 있는 독특한 능력을 가지고 있기 때문에, 그의 증언에는 강한 신념이 내재되어 있다.

하지만 다혈질 기질의 사람에게 가장 힘든 것은 진정한 전향(개종)이다. 깨달음은 비교적 쉬우나 결정적인 선택은 쉽지 않다.

누가복음 9장 57~62절을 보면, 예수가 도우려 했던 몇 명의 다혈질 사람들이 나온다. 우리는 그들이 가진 선의와 열정을 볼 수 있다. 그러나 동시에 최종 결정을 내리는 것에 대한 그들의 두려움도 볼 수 있다. 예수는 그들에게 자신을 따라오라고 억지로 강요하지 않는다. 다만 그들에게 미루지 않고 결정하도록 함으로써 그들을 돕는다.

그것이 바로 다혈질 기질의 사람들에게 필요한 것이다. 왜냐하면 그들은 이미 그리스도와 기독교에 대한 자신들의 열정이 충분한 것으로 여기기 때문에 결정적인 선택을 하지 않는다.

　다혈질 사람이 아프거나, 큰 슬픔에 빠져 있거나, 어려움에 처해 있다면, 그는 종종 진정한 전향(개종)의 과정을 겪고 있을 가능성이 매우 크다. 그는 하나님의 말씀을 읽고 기도하는 데 열정적이다. 그는 '신에 대해 이야기하는 것' 그 이상 바라는 것이 없다. 그는 신에 대한 두려움을 보이지만, 그 안에 진지함과 강렬함을 갖고 있다. 그가 신에 대한 두려움을 보인다는 것은 그에게 어떤 변화가 일어났다는 것을 의미한다. 하지만 힘든 상황이 개선되자마자 그는 그 이전처럼 똑같이 세속적인 사람으로 되돌아간다. 우리는 이것을 너무도 많이 보아 왔다. 이런 사람들은 개종하는 모습을 꽃처럼 화려하게 보여 주지만, 그 열매를 따기는 어렵다.

　다혈질 사람은 개종한 후 특별한 위험과 어려움에 노출된다. 그의 변덕은 그의 최악의 적이다. 그는 종교 모임을 통해 기독교인이 되기 쉽다. 노래와 다른 음악, 감미로운 신앙고백, 감동적인 이야기, 그는 그 순간 감동하여 눈물을 흘린다. 그는 온 정성을 다하여 참가한다.

　그러나 그는 가정과 일상생활에서 가장 큰 어려움에 직면한다. 그에게는 매일매일 하는 궁극적 구원(임종까지 신의 은혜를 계속 입어 영원한 구원에 이르기)을 향한 일들(기도)이 그 누구에게서보다 힘들다. 그의 천성은 본질적으로 변덕스럽고 불규칙하다. 그는 주위 환경에 쉽게 영향을 받는다. 그는 하나님의 말씀을 읽는 것과 기도를 통해 하나님과 가까이 지내는 것이 어렵다는 것을 알게 된다. 유혹에 대항하는 매일의 투쟁은 힘들다. 종교적인 모임에서 그가 하는 훌륭한 결심들은 그가 일상생활로 돌아

온 후 빠르게 증발해 버린다.

그는 항상 새로운 것을 갈망한다. 그의 기질은 즐거움을 갈망한다. 그리고 다양한 것들이 그의 지속적인 즐거움을 위해 필요하다. 삶에 너무 많은 반복이 있으면 그 기쁨은 사라진다. 만약 그가 즐거움만을 위해서 산다면 지속적으로 흘러들어오는 새로운 감각들이 필요하다. 그래서 다혈질 사람은 곧 그와 친한 설교자들을 지치게 한다. 그는 새로운 것을 듣고 싶어 한다. 그는 또한 오래된 방법들을 지겨워한다. 만약 그가 새로운 것을 듣는다면, 그는 즉시 그것을 시도하고 싶어 한다.

그는 새로운 활동을 시작하는 것에 열의를 보인다. 단지 변화를 갖고 왔다는 단순한 이유 때문에 모든 새로운 것들은 그의 마음을 사로잡는다. 그래서 그는 그의 또래들 중 파란만장한 영혼을 가진 그런 사람이 될 것이고, 지도자에게는 큰 어려움의 원인이 될 것이다. 대다수의 담즙질의 사람도 마찬가지지만, 그는 그 그룹을 분열시키려 하는 것은 아니다. 오히려 다혈질 사람은 이 상황에서도 순수하고 성실하기 때문에, 분열을 계획하고 있는 소수의 교활한 담즙질 사람에 의해 종종 도구로 이용된다.

다혈질 사람은 연설자나 설교자로서 뛰어난 재능을 가지고 있다. 그는 감성이 풍부한 삶을 살고 있다. 통솔력 있는 언어를 사용하고 가슴으로 말한다. 직설적이며 현재의 감정과 생각을 표현한다. 청중은 그의 말에 넋을 잃는다. 그가 그것을 의식하지도 않았고 의도하지도 않았지만, 그의 이야기는 청중을 울게 만들기도 하고 웃게 만들기도 한다.

하지만 그는 곧 자신이 가진 재능을 알게 될 것이다. 그러면 그가 가진 변덕스러움과 새로운 것에 대한 불굴의 욕망이, 자신의 재능을 자기 스스로 남용하도록 만들 수 있다. 기도를 통해 스스로를 준비시키고 묵상을 하고 성경을 읽는 이러한 일들은 그에게 있어 너무 많은 노력이 필요하다. 그가 일단 발동이 걸리면 그의 웅변은 청중을 매료시킨다. 그러나 그렇게 계속 설교만 하는 것은 결국 그 자신과 그의 청중 모두를 고갈시킬 뿐이다.

The Self-Discipline of the Sanguine
다혈질 사람의 자기 수련

다혈질 사람이 수련해야 할 훈육지침에 대해 기술하기 전에, 그의 전반적인 기질을 다시 살펴보자.

기질은 우리 인간 본성의 일부로써 우리의 정신적 본성에 의해 통제되어야 한다. 이 진실을 깨닫지 못하는 사람이 많다. 그들은 기질이란 바꿀 수 없는 것으로 여긴다. 만약 어떤 사람이 천성적으로 성미가 급하다면, 그들은 그 급한 기질에 대해 그 기질의 대부분을 어떻게 할 수 없는 것이라고 생각한다. 단지 기독교인으로서 남에게 피해를 주었다면 그것을 사과하고 보상하는 것만이 유일하게 할 수 있는 일이라고 생각한다. 기질에 대한 이 관점은 완전히 잘못됐다. 기질이란 것이 요람에서 무덤까지 우리를 따라오는 — 우리 몸과 마음에 새겨진 지울 수 없는 — 독특한 도장 같은 것이라는 사실은 부인할 수 없지만, 그것은 의식적으로 훈련될 수 있고 또

수련되어야 한다.

우리 몸은 주의 뜻대로 쓰여야 한다. 즉, 우리의 만족이나 우리의 이익이나 우리의 명예에 쓰이지 않고, 하나님의 영광에 쓰여야 한다. 그러므로 우리의 기질 또한 그러해야 한다. 그것은, 하나님 안에서 우리의 영적인 삶을 더 발전시키는 방법으로 훈련되어야 한다.

그러므로 먼저 우리 기질에서 어떤 특징이 우리의 영적인 삶을 방해하는지 스스로 판단한 다음, 그 약점을 극복하기 위해 진지한 분투를 하는 것이 우리의 과제다.

다혈질 사람의 기질 중 어떤 것을 고쳐야 하는지는 타인의 눈을 통해 본다면 비교적 쉽게 알 수 있다. 그의 결점과 약점은 자신을 제외한 모든 사람에게 명확히 보인다.

그에게는 정신적 균형과 냉철함이 부족하다. 그는 경험하는 모든 것에 너무 쉽게 마냥 행복해해서 종종 균형을 잃게 되며, 결국 그의 삶은 일관성과 연속성이 결여되어 버린다. 다혈질 사람만큼 자기성찰이 필요한 사람은 없다.

베드로Peter에 대해 생각해 보자. 예수의 제자들 중 그는 다혈질 기질을 갖고 있었다. 마태복음 16장 21절에서 그의 위대한 주 예수께 간할 때, 그는 얼마나 선하고 진실한가! 예수께 절대로 부인하지 않겠다고 약속할 때, 그는 얼마나 마음이 따뜻하고 간절한가! 그럼에도 불구하고 두 시간 후 그는 예수를 본 적이 없다고 세 번이나 맹세한다.

예수가 부활한 뒤, 예수는 베드로를 따뜻하게 보살폈고 영적 가르침도 주었다. 예수는 베드로를 철저한 자기성찰로 이끌었다. 베드로가 세 번 부인한 것과 마찬가지로, 예수는 베드로에게 자기성찰에 관한 질문을 세 번 한다. "요한의 아들 시몬아, 네가 나를 사랑하느냐?"(요 21:15-17)

베드로가 어떻게 자기성찰의 방향으로 나아가는지 보자. 베드로전서 First Epistle of Peter를 읽어 보면, 신중하게 행동하고 거룩하게 나아가는 법을 배운 사람이 아니라면 그렇게 훌륭한 글을 쓸 수 없을 것이라고 생각이 들 것이다. 베드로전서 5장은 이 점에 있어서 특히 흥미롭다. 이 편지를 쓴 사도는 진정으로 냉철하고 침착하다.

다혈질 사람이 가장 주의해야 할 것은 그의 근본적인 약점이다. 즉, 신뢰할 수 없는 것, 제멋대로인 것, 그리고 약한 의지이다. 그는 우정에 있어서 자신을 엄하게 다루어야 한다. 그래야 그는 불신을 피할 수 있고 자만하지 않을 수 있다. 특히 자신의 일과 관심사에 관한 약속을 늘 기억하고 결코 잊지 않아야 한다. 왜냐하면 그는 그가 시작한 일들을 반쯤 하고 남겨 놓고 싶은 유혹을 받기 때문이다.

그의 천성에서 비롯된 충동은 강하면서도 끈질기기 때문에, 그가 자신의 약점과 벌이는 투쟁은 스스로의 힘으로는 감당하기 어렵다. 그는 자신의 기질에 붙어 있는 오류와의 싸움에서, 믿음을 통해 싸우는 법을 배우기 전에는 결코 승리하지 못할 것이다.

그는 이 투쟁에서 예수의 말씀 속에 있는 깊은 진리를 조금 깨닫게 될 것이다. "이러한 것들은 기도 이외의 방법으로는 쫓아낼 수가 없나니."(마 9:29)

다혈질 사람은 본성 안에 있는 방종함을 가라앉힐 수 있는 수련을 그리고 약한 의지를 강화해 줄 수 있는 수련을 자발적으로 해야 한다. 그러한 훈련을 통해 약한 의지와 기질의 방종함은 다듬어질 수 있다. 심지어 바울 Paul조차도 이러한 수련을 하였다. "그러나 내가 내 몸을 쳐 복종하게 함은 내가 남에게 설교한 후에 내 자신이 타락하지 않게 하기 위함일지니."(고전 9:27)

그렇게 자기 수련된 영혼은 즐겁고 값진 기독교인으로 거듭날 것이다. 그에게는 주위 사람들을 감동시키는 영향력과 신선함이 있다. 그의 기질 안에 있는 바람직하지 않은 특징들이 가라앉을 때 그의 매력적이고 자유로운 본성은 더욱 강하게 드러날 것이다.

그가 사는 곳에서 그는, 어린 아이들에게는 물론 성인들에게도 햇빛과 같은 존재다. 그의 열린 마음, 그의 생생한 경험들, 그의 풍부한 감성을 지닌 천성, 그의 밝고 저절로 나오는 유머는 그를 매력덩어리로 만든다. 그가 없을 때는 공허함이 감돌지만 그가 돌아오면 온 동네가 꽉 찬 것 같다.

기독교 내에서 그는 매우 귀중한 존재다. 그는 마치 신선한 공기와 같다. 그는 다정하고 직선적이다. 그는 열린 마음과 진취성을 갖고 있다. 그와 함께 있는 것은 정말 즐겁다. 그는 슬퍼하는 사람들을 밝게 만든다. 그는 냉담한 사람들에게 열정을 불어넣는다. 그리고 그는 온화하고 다정한 분위기로 안절부절못하는 마르타[4]들이 평화롭게 지내도록 돕는다. 정말로 모든 영혼들은 그의 햇빛 속에서 따뜻해질 수 있다.

다혈질 기질의 사람은 천성적으로 낙천주의자다. 그가 기독교인이라면 그는 희망찬 기독교인이다. 그는 기독교의 밝은 면에 깊이 감명한다. 은혜와 속죄, 십자가와 희생, 희망과 천국, 이러한 것들이 감수성이 풍부한 그의 본성을 사로잡는다. 그는 기독교의 영광을 본다. 그리스도께서는 주님의 영광으로부터 우리를 떼어 놓으신 것이 아니라, 그리스도께서 바라보신 주님의 영광으로 우리를 구원하신 것이다. 여기에 기독교의 승리, 미래 그리고 희망이 있다. 희망의 사도가 된 것은 다혈질 기질의 베드로였다.

---

4) Martha: 성녀 마리아Maria와 성 라자루스Lazarus의 누이. 베다니아 마을에 살았다. 그녀의 이름은 남을 돌보아 주기 좋아하고 활동적인 사람을 대표하는 이름으로 종종 쓰인다.

우울질 기질
• The Melancholic Temperament •

'멜랑콜릭melancholic'이라는 단어는 검은 담즙을 뜻하는 그리스어 'melancholia'에서 유래됐다. 그것은 어둡고 우울하고 침울한 기질을 나타내는 데 사용된다.

이 기질 또한 다혈질에서와 마찬가지로 감정적인 부분이 많은 영향력을 행사한다. 그러나 우울질 사람과는 달리 다혈질 사람은 개방적이다. 그리고 다혈질 사람은 자신의 관심을 바깥으로 돌린 채 외부로부터 들어오는 변화무쌍한 인상들을 수용하는 반면, 우울질 사람의 관심은 안쪽으로 향해 있다. 우울질 사람의 내부로 들어갈 수 있는 인상은 적지만, 우울질 사람은 자신의 내부로 들어온 이 몇 가지 인상을 깊게 생각하고 철저하게 분석한다. 그는 감성적일 뿐만 아니라 뭐든지 깊게 생각하기 때문에, 외부로부터 온 인상은 대부분 그에게 인정되지 않는다. 반면에 다혈질 사람은 깊게 생각하는 경우가 거의 없다. 그의 감성적인 삶에 들어오는 모든 인상들은, 다른 인상들에 의해 그 자리를 빼앗기기 전까지 그곳에 계속 남아 있다.

다혈질 사람은 외부로부터 오는 인상을 받아들일 때 그의 상상력은 물론 사고력까지도 영향을 받는다. 그에게 인상들이 다가오는 순간, 그것에 대한 그의 생각은 거의 자동적이며 무의식적이며 반사적이다. 이것은 하나의 정신 작용이며 감정도 동반된다. 그래서 그 다양한 인상들에 따라 그의 반응도 다양하다. 이러한 이유 때문에 다혈질 사람의 사고는 너무 모호하고 비논리적이며, 앞뒤가 맞지 않고 피상적인 경우가 많다.

다혈질 사람은 그에게 오는 모든 인상들(그것들은 섬세한 그의 천성에 영향을 미친다)을 실제로 즐기는 반면, 우울질 사람은 확실한 선택을 한다. 외부로부터 온 대부분의 많은 인상들은 그에게 흥미를 불러일으키지 못한다. 반대로, 그에게 깊은 영향을 주고 그의 상상력에 적극적으로 작용하는 몇몇 인상들도 있다. 그 소수의 몇몇 인상들은 어떤 면에서 그와 관련이 있는 것들이다. 그는 슬프고 우울한 성향을 지녔기 때문에, 가가 가슴에 담고 있는 인상들은 — 만약 부정적인 것들인 경우 — 그를 해치는 것이 될 수 있다. 이 인상들은 그가 철저히 숙고하고 분석한 것들이다. 그는 슬픈 기억 속에 존재하는 그 인상들을 애지중지하며 품고 있다.

다혈질은 즐거워하는 기질이지만, 우울질은 고통 받는 기질이다. 다혈질 사람은 모든 것이 발생하는 대로 그대로 받아들이고 즐긴다. 우울질 사람은 자신이 골라낸 어떤 특별한 인상들(특히 고통스러운 인상들)로 가득 차 있다. 밝고 힘을 북돋아 주는 그런 것들이 그를 둘러싸고 있더라도 그는 그것들을 전혀 혹은 거의 즐기지 못한다. 그의 정신세계는 어두울 뿐만 아니라 좁다.

그는 모든 것을 자기 자신과 연관시킨다. 그는 자신의 불행을 증가시키는 쪽으로 모든 것을 판단하고 평가하는 강한 성향을 가지고 있다. 다혈질 사람은 다른 사람들과 상황들을 있는 그대로 받아들이고, ― 그 상황 속에서 그것이 즐겁다면 ― 그것이 어떤 기준에 미치는지 못 미치는지는 신경 쓰지 않는다. 그러나 우울질 사람은 그가 경험하는 모든 것을 그의 마음속 이미지와 비교하고, 하나하나 그것에 해당되는 기준을 갖고 평가한다. 그는 자신의 마음속에 품고 있는 어떤 이상적인 것을 기준으로 모든 것을 판단한다.

결과는 피할 수 없다. 그가 경험하는 것은 항상 그의 이상적 기준에 못 미치고, 그는 실망한다. 그가 완벽을 추구하는 것은 그의 삶에 짐이 된다.

게다가, 이상을 찾는 것으로 인해 그는 자신이 경험하는 모든 것에 대해 점점 더 불만족스럽게 되고 반감도 생긴다. 결국 그의 일상의 삶은 부조화와 실망으로 가득 차 버린다.

따라서 그는 현재에 대해 관심이 별로 없다. 이러한 그의 모습은 우울하고 침울해 보인다. 그는 가능한 한 꿈의 세계로 도피하려 한다. 그래서 그는 때로는 과거 속에, 때로는 미래 속에 산다. 두 가지 경우 모두, 완벽을 향한 그의 꿈은 그 안에서 자유롭게 확장될 수 있다. 그는 늘 미래를 향해 있고 공중에 성을 쌓는다. 그는 우울하고 재미없는 현재에 대항하기 위해 과거를 돌아보며 즐거웠던 기억들(그는 그것을 찬찬히 보며 치장하고 이상화한다)을 떠올린다.

Strengths of the Melancholic Temperament
우울질 기질의 강점

우울질 사람은 풍부하고 예민한 천성을 가지고 있다.
이 천성은 예민하고 정교할 뿐만 아니라 깊이도 있다. 이러한 이유로, 우울질 사람들 중에서 종종 위대한 예술가들이 나온다.

그는 매사에 깊고 철저하고 빈틈이 없다.
우울질 사람은 다혈질 사람과 이 부분에 있어 정반대다. 우울질 사람은 삶의 어떤 영역에서든 피상적이고 변덕스러운 모든 것에 대해 혐오감을 갖고 있다. 그는 무슨 일을 하든 철저히 한다.

사실, 그는 많은 것들에 대해 전혀 흥미가 없다. 그리고 그는 그것들을 완전히 무시한다. 그러나 아이디어든 일이든, 일단 무슨 일을 한다면 그것이 어떤 일이든 그는 공들여 철저하게 한다. 그러므로 많은 위대한 철학자들과 사상가들이 우울질 기질이라는 사실은 전혀 이상한 것이 아니다.

풍부한 감성적 삶과 깊은 성찰적 사고가 합쳐진다면, 우울질 사람은 창조적이고 지적인 일(작가 혹은 사상가처럼)에서 놀라운 재능을 보여 줄 것이다. 직관과 이성의 적절한 조합으로 그는 위대한 사상가가 된다.

그는 자신의 한계를 아는 재주가 있다.

이 점에서 우울질 사람과 다혈질 사람은 또다시 대조를 이룬다. 다혈질 사람은 모든 것에 관심이 있어서 엄청난 양의 프로젝트를 시작하지만 그 중 반은 끝내지 못한다. 우울질 사람은 그렇게 많은 일을 하려고 하지 않지만 일단 무슨 일을 시작하면 반드시 끝낸다.

전반적으로 그는 훌륭한 자기 조절과 자기 수련을 한다. 무엇이든 심사숙고하는 그의 천성은, 분위기와 기분에 휩쓸려 무계획적인 삶을 살게 되는 것을 방지해 준다.

그는 신의가 있다.

그는 우정에 충실하다. 많은 친구를 사귀지 않는다. 사실 그는 그가 가진 친구를 잘 유지한다. 열린 마음가짐과 매력적인 매너로 모든 곳에서 친구를 사귀는 다혈질 사람과 그는 완전히 다르다.

우울질 사람의 태도는 종종 험악해 보인다. 많은 사람들이 그의 비관주의, 예민한 성질, 오만함 때문에 겁먹거나 놀란다. 그러나 그에게 호감을 가진 사람과 그가 호감을 가진 사람에게 그는 신의가 있다.

다혈질 사람은 모든 새로운 인상들에 정신이 팔려 옛 친구들을 쉽게 잊는 반면, 우울질 사람은 마음속 깊은 곳에 있는 친구들을 소중히 여긴다. 그의 친구들은 특히 그가 그들과 함께 있지 않을 때에도 그에게 중요하다.

그의 우정에는 매우 감동적인 면이 있다. 그가 그것에 대해 종종 다소 어색해하는 것은 사실이다. 그는 사려 깊은 성격 때문에 감정을 드러내기 어렵다. 그래서 그는 가끔 당황해서 얼어붙는다. 혹은 그런 상황에 처하면 거의 필사적인 방법으로 그런 상황을 바꾸려 한다. 그럼에도 불구하고, 그의 어색함은 사람들의 연민을 자아내기도 하고 사람들을 감동시키기도 한다. 그는 그가 표현하고 보여 줄 수 있는 것보다 항상 더 많은 것을 느낀다.

그는 믿을 만하다.

그는 약속이나 의무를 쉽게 잊지 않는다. 그는 다혈질 사람처럼 약속을 쉽게 하지 않는다. 사실 그는 상당히 자제력이 있다. 그는 과장되고 경솔한 말을 혐오한다. 그러나 그가 약속을 하게 되었다면 그것을 지키는 것은 그에게는 명예를 지키는 일이다. 약속을 어기면 그 사실이 평생 오랫동안 그를 괴롭힐 것이다. 이에 반해 다혈질 사람은 자신이 어긴 약속에 가볍게 변명할 것이다.

그 우울질 사람은 전적으로 믿을 만하다. 부주의함과 태만함은 그의 천성과는 완전히 정반대다. 그는 상관으로서나 부하로서나 일에 철저하다. 그는 집에서든 밖에서든, 돈 문제든 사업 문제에서든 항상 주의 깊다. 그는 매너와 옷차림, 모든 것에 신중하다.

그는 질서정연한 사람이다. 여행을 위해 가방 챙기는 것을 보면 우울질 사람과 다혈질 사람의 차이를 알 수 있다.

Weaknesses of the Melancholic Temperament
우울질 기질의 약점

슬프게도, 우울질 사람은 자기중심적이다.

확실히 그는 다른 어떤 기질보다도 자기중심적이다. 그는 의지와 에너지를 마비시키는 그런 종류의 자아성찰과 자기반성을 하는 경향이 있다. 그는 항상 자기 자신과 자신의 정신상태를 한 층 한 층 해부한다. 마치 양파 껍질을 벗기듯이 말이다. 결국 그의 삶에는 진실하고 실제적인 것조차 남아 있지 않게 된다. 그곳에는 끊임없는 자아성찰만이 있을 뿐이다.

이러한 과도한 자아성찰은 그를 불행하게 할 뿐만 아니라 그에게 해롭다. 우울질 사람은 정신병적인 상태로 쉽게 빠질 수 있다. 그들은 자신의 정신적 상태는 물론, 신체적 상태에 대해서도 지나치게 걱정한다.

그는 매우 예민하다.

그는 모든 것을 자신과 연관시키는 선천적인 성향이 있기 때문에 쉽게 상처받고 기분 상해한다. 그는 또한 극도로 모든 것을 의심한다. "그가 왜 그렇게 말했을까?", "그가 왜 그렇게 행동했을까?", "그가 그렇게 한 것이 무슨 뜻이지?" 다혈질 사람은 이런 질문들에는 신경도 안 쓰지만, 우울질 사람에게 이런 것들은 매일매일 고문과 같다. 그는 무시당한다고 느끼며 다른 사람의 말과 행동을 자신을 겨냥한 것으로 왜곡하여 생각한다. 그리고 그가 더 많이 의심할수록 그는 더 많이 상처받고 더 많이 기분이 상하게 된다. 우울질 사람의 동료들이 (우울질 사람을 불쾌하게 한) 그 행동을 했을 때, 대부분의 경우 당시 그 동료들은 우울질 사람에 대해 전혀 생각조차 하고 있지 않았다. 그의 이런 의심은 부적절할 뿐만 아니라 자신에게도 해롭다. 그것은 정신질환으로 가는 지름길일 뿐이다. 그것은 때때로 (가장 심각한 정신병 중 하나인) 피해망상증으로 이어진다.

그는 타협하지 않는다.

확실히 그 우울질 사람만큼 공격이나 모욕을 잊는 것을 어려워하는 사람은 없다. 그 사건이 그에게 깊은 상처를 주기 때문이다. 그리고 그에게 그런 영향을 미치는 그 사건들은 그를 가장 힘들게 한다.

게다가 그는 백일몽 속에서 일어나지 않은 일들을 상상하는 경향이 있다. 그는 '비통한 모욕'을 엄청나게 확대시켜 곰곰이 생각하기도 한다.

만약 우리가 그러한 상황에 빠진 우울질 사람을 만난 적이 있다면, 우리는 이러한 성향을 이미 보았을 것이다. 남들은 웃고 넘길 사소한 일이 그에게는 엄청난 수준으로 커진다. 그는 그를 괴롭히는 '모욕'에 대한 배상을 받아내기 위해 천지를 움직일 준비를 하고 있다.

결과적으로 본다면 당사자가 사과해도 그는 그것을 받아들이기 어려울 것이다. 그는 그 범인에게 원한을 품을 것 같다. 이러한 성향은 '쓴 뿌리'[5]와 같은 것으로, 그에게 있어 이것은 뽑기 어려운 것이다.

그는 사귀기 어려운 사람이다.

결론부터 말하자면, 그는 평상시에 내성적이고 과묵하다. 그의 말투와 겉모습은 침울하게 보인다. 그는 거의 만족하지 않는다. 결국 그는 모든 것과 모든 사람들에게 실망한다. 아무도 그의 기준에 미치지 못한다.

그 외에도 그는 의심이 많다. 그리고 자신이 무시당했거나 상처받았다고 생각하기 때문에 스스로 곤란을 일으킨다. 결과적으로 그는 심기가 불편해진다. 그는 짜증을 잘 내고 참을성이 없다. 그는 무뚝뚝하며, 종종 시무룩하고 무례하다.

하지만 그는 욱하는 성미는 없고 또한 폭력적이지도 않다. 그는 오랫동

---

5) '독초와 쑥의 뿌리'라는 구절이 신명기 29장 18절에 나온다. 경계하고 조심해야 하는 것으로써 우리 안에 생기는 나쁜 마음인데, 겉으로는 보이지가 않아 있는지조차 알 수 없고 뿌리 뽑기도 매우 어렵다. 보통 깊숙이 있으며 뿌리 뽑기 어려운 것들을 비유하는 말로 쓰인다. - 역주

안 원한을 품을 것이다. 우리 노르웨이 사람들은 그러한 성향을 '원한을 쉽게 풀 수 없는 성향langsint(implacable)'이라고 부른다. 반면에 다혈질 사람의 성향은 '걸핏하면 화를 내는 성향braasint(quick-tempered)'이라고 부른다. 그러나 우리는 그 우울질 사람이 화를 낼 수 없다고 생각해서는 안 된다. 그는 분명히 화를 낼 수 있다. 그의 억눌린 분노는 언젠가 갑자기 맹렬하게 쏟아져 나올 것이다.

그는 *비관적이다.*

그는 자신의 기준에 따라 모든 것과 모든 사람을 평가하므로, 무엇이 틀렸는지 무엇이 성가신 일인지 자연스럽게 판단하는 습관이 있다. 그러나 그는 희망적이고 유망한 것을 보지 못한다.

사실 만약 여러분이 매일 진정한 우울질 사람과 어울린다면, 여러분은 때때로 스스로에게 이렇게 말하지 않을 수 없을 것이다. "정말로 그는 일부러 우울한 것들을 찾는다. 그의 인생에서 유일한 즐거움은, 남들이 즐기는 것에서도 우울한 것을 지적하는 것이다."

그는 *자존감이 높다.*

그는 남의 결점을 예리하게 꿰뚫어 보는 눈빛으로 다른 사람들을 깔본다. 그러나 정작 자신의 결점은 잘 보지 못한다. 물론 그가 가진 이런 특징은 우리에게도 공통적으로 있다. 사실, 다른 사람에게서보다 그에게서는 그것(자신의 결점을 보는 것)이 더 어렵다. 왜냐하면 그는 내성적이고 소극적인 성격으로 자신의 삶에는 적극적으로 나서서 행동하지 않으면서, 다른 사람들을 비판하는 것에는 적극적이기 때문이다.

우울질 사람에게 있어 이 오만함은 쉽게 자만심으로 바뀐다. 그는 하루 종일 자기 자신의 장점에 사로잡혀 있다. 자기 자신만의 망상 속에서 이러한 것들은 증폭되고 확대된다. 반면 실제 현실적 삶과의 접촉은 바로 그만큼 감소한다.

다혈질 사람도 허영에 빠질 수 있다. 정말로 완전히 허영심에 찌들 수 있다. 그러나 다혈질의 허영심은 순수하고 품위가 없다. 종종 너무 작위적이라 우스꽝스럽기까지 하다. 다혈질의 어린 아이와 같이 순수한 그런 천성은 그의 허영심마저 누그러뜨린다. 그러나 우울질 사람은 항상 자의식이 강하고, 신중하며 내성적이다. 우울질 사람은 자신을 보호하려고 하기 때문에, 심지어 자신의 허영심에서조차도 의도적이고 음험하다.

그는 소극적인 천성을 갖고 있다.

그는 머릿속에서만 계속 심사숙고하기 때문에 실제적인 행동을 취하지 못한다. 그는 상상의 세계 속에서 많은 시간을 보낸다. 현실세계에 대해 거의 공감하지 못해 적극적으로 참여하고 싶지 않은 것이다.

이러한 점에서 본다면, 그의 성향은 다혈질 유형과 정반대다. 다혈질 사람은 현재에 살지만 우울질 사람은 거의 그렇지 않다. 어떤 일이 발생한 후에 우울질 사람은 그 현재를 그의 생각 속에서 이해하려고 한다. 혹은 어떤 일이 발생하려고 한다는 것을 상상하고 그것을 미리 생각 속에서 이해하려고 시도한다. 그는 그 일이 발생하게 된다면 그 일이 발생하는 그 순간 그가 어떻게 행동할지 미리 정한다. 그런 생각들은 그가 순간순간의 일상생활을 사는 것에 대한 능력이 거의 없다는 그런 본능적 느낌에서 기인한다. 우울질 사람은 그의 모든 행동에 있어서 실로 수동적이다. 자발적인 천성을 가진 다혈질 사람과는 다르게, 그는 어떤 모임에서도 좀처럼 분위기를 이끌어 가려 하지 않는다. 우울질 사람은 사회와 사업에 있어서 진취성이 부족하다. 그는 지도자라기보다는 추종자다.

그는 비현실적인 성향이 있는 것 같다.

주로 과거나 미래에 살고 있기 때문에 눈앞의 상황이 무엇을 요구하는지 알 수 없다. 현실적인 감각이란, 각각의 다른 상황과 조건 속에서 해법을 찾기 위해 그 순간 무엇을 해야 할지 신중히 판단하는 그런 능력으로 구성되어 있다.

그는 결단력이 없다.

그의 기질에서 지배적인 것은 의지가 아니라 감정과 지성이다. 그의 철저하고 깊은 사고는 그 순간 그가 결정 내리는 것을 방해한다.

다혈질과 담즙질에게는 그 순간 무엇을 해야 할지 분명하지만, 우울질 사람은 그의 결정으로 인해 파생될 모든 결과들을 고려하고 모든 측면들을 심사숙고한다. 그가 그 상황이 더 중요하다고 생각하면 생각할수록, 결정 내리기는 더 어려워진다. 그래서 최종 결정은 너무 늦어진다. 그러한 실패에서 오는 느낌으로 인해 그는 점점 더 소심해지고 단호한 행동을 더 싫어하게 된다.

가능하다면 그는 아무것도 시작하지 않는 경우가 많다. 그는 행동을 하지 않으면 안 될 때만 행동한다. 그는 행동할 때도 보통 반신반의하기 때문에 강하게 밀어붙이지 못한다.

이러한 우유부단한 행동은 우울질 사람을 이성관계에서 불리하게 만든다. 우울질 사람은 그의 풍부한 감성적 삶으로 인해 이성에게 강하게 끌린다. 하지만 애당초 그의 잘못된 완벽 추구 성향 때문에 그가 자신의 이상에 맞는 사람을 찾기는 쉽지 않다. 그는 현실세계에서 이상형을 찾지 못했을 때 상상 속에서 이상형 캐릭터를 만들어 내기도 한다. 그는 자신이 아는 여자를 상상 속에서 이상화할지도 모른다. 하지만 그도 물론 다른 남자들처럼 진짜 여자에게 끌린다. 그러고 나서 그가 그녀에게 다가갔을 때, 그녀의 황홀한 매력이 사라졌다는 사실을 발견하고 낙담한다. 진짜 여자는 그가 꿈속에서 그리던 여자와 다르다. 그래서 그는 결혼이라는 위험을 감수하지 않겠다는 단순한 이유로 (그녀로부터) 물러난다. '그녀는 나를 행복하게 해 줄 수 있는 그런 여자가 아니다.' 그는 자신만의 세계 속에서 자신의 물러남을 이렇게 표현한다.

많은 남자들은 단지 우울질 기질이기 때문에 결혼하지 않는다. 그들은 자신들이 독신이기 때문에 우울한 것이라고 스스로 생각할지도 모른다. 그러나 대부분 그렇지 않다.

결국 우울질 사람은 이상적이고 특별히 어려운 인생의 과업 등을 시작하는 것이 자신의 소명이라고 종종 느낀다.

그에게 이런 생각을 심어 주는 것은 그의 백일몽이다. 매일매일의 삶은 그에게 너무도 하찮고 의미 없다. 그것은 그의 이상에 크게 못 미친다. 그러나 그는 자신의 꿈속에서 어떤 소명, 즉 인생의 과업(그것은 그의 기준을 충족한다)을 마음속에 그려본다. 그의 이 기준들은 생계수단이나 이익을 내는 것과는 아무런 관계가 없다. 오히려 정반대로, 그의 인생의 과업은 희생을 요구하고, 금욕을 요구하고, 극도의 희생을 요구한다. 그리고 지금 그는 그것을 찾았다고 확신한다.

Hints for Pastors and Spiritual Counselors
목사와 영적 상담사들을 위한 유의사항

우울질 사람은 쉽게 영향 받는다. 만약 그가 어린 시절이나 젊었을 때 진정한 기독교와 접했다면, 그것은 그의 마음속에 깊은 인상을 남겼을 것이다. 그리고 이런 인상은 쉽게 지워지지 않는다.

추억은 그에게 큰 영향을 미친다. 만약 그가 기독교 환경 속에 살고 있다면 아마도 그는 종교인들의 주장을 잘 알고 있을 것이다. 하나님으로부터 받아온 인상으로 인해, 그는 죄를 저지르는 것에 기쁨을 느끼지 않을 것이고, 속물적인 일들에서도 기쁨을 느끼지 않을 것이다.

그러나 노력하지 않는다면 어느 누구도 이러한 깨달은 상태를 쉽게 유지할 수 있는 사람은 없다. 그 이유는 첫 번째로, 우울질 사람은 누구보다도 이론적인 의심을 잘하기 때문이다. 모든 일의 진짜 이유를 알고 싶어 하는 것은 그에게 있어 매우 자연스럽다.

두 번째로, 그는 매우 비판적인 사고방식을 갖고 있기 때문이다. 기독교인의 결점에 대해 그보다 더 날카로운 안목을 가진 사람은 없을 것이다.

세 번째로, 그는 우유부단하기 때문이다. 그는 비용을 계산하고, 전향(개종)에 대한 모든 어려움을 저울질한다. 이러한 어려움을 더 깊이 숙고할수록 결단은 더욱더 불가능해진다.

하지만 그가 마침내 발을 내딛는다면, 그는 그것을 아주 진지하게 받아들인 것이다. 그의 깊은 천성은 여기서도 중요한 역할을 한다. 자기성찰은 신과 함께하는 그의 삶에 필수적인 요소가 될 것이다.

그러나 그의 자기성찰은 그를 종교적 음울함으로 이끌지도 모른다. 그는 성서의 더 어려운 구절에 헌신하는 경향이 있다. 이것들은 그를 죄와 은혜에 대한 성경의 간소한 진술에서 멀어지게 할 수 있고 그의 영적 삶을 약화시킬 수 있다.

그는 자신의 죄로 인해, 자신의 엄격하고 고집스러운 마음으로 인해, 성령의 은혜에 대한 반발심으로 인해 괴로워한다. 그는 용서할 수 없는 죄를 저지를까 봐 누구보다 고민하고 걱정한다.

기독교인으로서 그는 다소 우울하다. 그의 천성은 기독교적 삶에 그만의 색을 입힌다. 그가 먼저 주목하는 것은 삶의 음울한 측면이기 때문에 신의 섭리 속에 있는 자애로움과 밝은 모습을 보기가 어렵다. 그는 투덜대며 불평하는 버릇이 있다. 그는 좀처럼 기쁨이나 감사를 느끼지 못하며 신의 자비를 쉽게 잊는다.

그에게는 본성과 은총[6]을 구별하는 것이 어렵다. 그는, 자신의 우울감을 기독교적 진솔함으로 쉽게 오인할 것이다. 또한 자신의 타고난 염세주의를 천국에 대한 갈망으로 쉽게 오인할 것이다.

다혈질 사람에게 있어 유혹이란 오감을 만족시키는 그러한 것이지만, 우울질 사람에게 있어 유혹은 대부분 영적인 성질의 것이다. 그는 가시덤불 속에 떨어진 씨앗을 닮았다(마 13:22). 이곳의 토양은 훌륭하고 두텁지만, 좋은 씨를 자라지 못하게 하는 잡초가 우거져 있다. 예수님께서는 '세상에 대한 걱정'이 첫 번째이자 가장 나쁜 잡초라고 말씀하셨다.

다혈질 사람의 죄는 대부분 밖으로 확실히 드러나지만, 우울질 사람의 죄는 안으로 자라난다. 그는 주로 마음과 정신, 욕망과 상상력, 그리고 생각에서 죄를 짓는다. 그것은 마치 비밀스러운 죄와 같다. 그는 특히 불순함, 병적인 야망, 증오, 그리고 복수심 등의 죄를 저지르기 쉽다.

---

[6] 성 아우구스티누스가 쓴 책 《본성과 은총 Natura et gratia》에서 따온 말로 추정된다. 원죄로 인해 흠결이 생긴 인간 본성을 주님의 은총이 되살린다는 의미다. "은총은 본성을 물리치는 것이 아니라 본성을 드높인다(Gratia non negat naturam, sed elevat eam)." 은총이란 말은 초자연적인 힘을 포함한다.

The Self-Discipline of the Melancholic
우울질 사람의 자기수련

우울질 사람의 가장 큰 약점은 자기도취(자기몰두 self-absorption)이기 때문에, 그가 이 점을 극복하기 위해서는 가장 과감한 고군분투를 해야만 한다. 그러나 모든 죄 중에서 이것보다 싸우기 더 힘든 것은 없다. 그림자가 빛을 따라오는 것처럼 자기도취는 늘 그를 따라다닌다. 그는, 그가 지속해 온 자아성찰과의 싸움이 결국 자신을 또 다른 자기도취로 이끌 뿐이라는 사실을 알게 되고 엄청난 상실감에 빠진다. 그는 결국 이 투쟁이 전적으로 자신의 힘만으로는 불가능하다는 것을 알게 된다.

그런 경험이 그를 구원하게 되는 것이다. 그때가 되어서야 비로소 그는 감정을 주체하지 못하고 그의 구세주 앞에 완전히 몸을 맡길 것이다. 그러면 무력한 죄인들이 예수께 의지할 때 생기는 기적을 그도 비로소 경험하게 되는 것이다.

바울은 그것을 다음과 같이 표현하였다. "그리하면 모든 지각에 뛰어난 하나님의 평화가 주 예수 안에서 너희 마음과 생각을 지키시리라(빌 4:7)." 죄(자기중심적 사고라는 죄를 포함한다)로부터 우리의 마음과 생각을 지키는 유일한 방법은, 그리스도가 우리의 마음과 생각의 중심이 되도록 하는 것이다. 그렇게 한다면 주 예수 안에서 우리는 그것을 이루어 내게 될 것이다.

자기 생각에 대한 자기 생각의 투쟁은 굴뚝 청소부와 싸우는 것과 같다.

그와 싸울수록 우리 또한 더러워진다. 우울질 사람이 병적인 자기중심주의에 대항하여 싸울수록 그의 생각은 더 많이 자기 주위를 맴돌 것이다. 그의 유일한 구원은 예수께 의지하고 기도하는 것이며 이를 통해 그는 병적인 생각을 제거하게 될 것이다. 마음과 영혼이 주 예수로 가득 찬다면 그는 자신을 잊을 수 있을 것이다.

이 기적과 같은 구원은 짧은 시간 안에 그를 완전히 극복하도록 만들어 주는 것이 아니다. 투쟁은 매일 계속되어야만 한다. 자아도취에 빠질 때마다 그는 주 예수 그리스도의 힘을 빌려 다시 새로워져야만 한다.

그는 또한 사심 없이 타인을 섬기는 것을 습관화해야만 한다. 이러한 봉사는 그의 생각을 자기 자신이 아닌 다른 곳으로 돌리는 데 큰 도움이 될 것이다. 타인에게 베푸는 애정 어린 봉사에 그가 더 많이 몰두하면 할수록 그는 더 쉽게 자신을 잊게 될 것이다.

그 다음으로, 그는 쓸데없는 것에 집착하여 그것을 계속 생각하는 그런 습관을 버려야 한다. 이렇게 상념에 빠지는 것을 좋아하기 때문에 그는 옛 습관에 다시 쉽게 빠질 수 있다. 그는 그러한 습관이 사악하다는 사실을 깨달아야만 한다. 그것이 사악한 이유는 바로, 그것이 그가 지금 당면한 현실적인 문제들과 책임감이 존재하는 그의 실제 삶을 멀리 치워 버리고 그를 꿈으로만 인도하기 때문이다. 그는 이 사실을 직시해야만 한다.

구체적인 훈련과 규율에 의해 그는 크든 작든 자신의 일상 업무를 충실히 수행할 수 있다. 우리의 평범한 삶을 혼란하게 하는 평범한 주변 사람들에 대해 그는 겁을 먹어서는 안 된다.

이러한 방식으로 우울질 사람은 그의 상상의 세계에서 현실 세계로 점차 되돌아올 수 있다. 그는 과거의 기억에 혹은 허공에 떠 있는 미래의 성에 살지 않고 현재에 사는 법을 배울 수 있다.

마지막으로 그는, 무엇이든 비판하려는 강한 성향과 그리고 남을 비판하는 것을 통해 얻어지는 자만심과 고군분투를 벌여야만 한다. 여기서도 그는 스스로를 단련시켜 자신의 기질을 가라앉히고 자신의 기질에 굴복하지 않아야 한다. 그는 자신의 예리하고 통찰력 있는 눈을 통해 자기 자신을, 그리고 자기 자신의 결점을 바라보아야만 한다. 다른 사람의 결점을 참을성 있게 대해 주는 것이 자신의 결점을 직시하는 것보다 오히려 더 쉽다는 것을 그는 깨닫게 될 것이다. 성경에서는 이것(다른 사람의 결점을 참을성 있게 대해 주는 것)을 "다른 사람들의 많은 죄를 사해 주는 것"[7]이라고 표현했다.

이렇게 수련되고 단련된 우울질 사람들은 신자들 사이에서 귀중한 일원이 된다. 그는 결코 다혈질 사람처럼 다정하고 설득력이 강하지 않을 것이다. 그것은 사실이다. 그러나 한편으로는 철저하고, 깊고, 진실하다. 그는 결코 대화에서 주도적인 역할을 맡지 않는다. 사실 그는 다소 과묵하다. 그러나 그가 무슨 말을 했다면, 그것은 충분히 숙고된 것일 뿐만 아니라 독창성과 깊이 있는 사고력으로 표현된 것이다. 그가 말한 것은 충분히 고려

---

[7] 야고보서 5장 20절에 나오는 내용으로 성경 속 cover의 의미는 '죄를 사해 주다', '용서 받게 해 주다'라는 의미로 쓰인 것 같다. - 역주

할 만한 것이다.

 설교자로서 본다면, 다혈질 사람처럼 마음에서 우러난 — 설득력 있는 — 그런 설교를 하는 자질이 그에게서는 선천적으로 부족하다. 그러나 풍부함과 깊이 그리고 명료함에서 본다면, 그의 설교에는 타인을 사로잡는 그 무언가가 있다. 더욱이 그의 언어는 따뜻한 빛을 띠고 있다. 비록 사람들은 다혈질 설교자의 말을 들을 때는 반짝이는 유머와 인상적인 표현에 매료되지만, 우울질 설교자는 감성적이고 영적인 삶 속에서 종교적 규율을 스스로 실천하는 모습으로 사람들에게 깊은 신뢰를 준다. 기독교인으로서 우울질 사람은 활발하거나 진취적인 모습을 나타내는 것이 아니라 신실하고 신뢰할 수 있는 모습을 나타낸다. 그는 그를 믿는 우호적인 사람들을 갖게 된다.

 그는 진정한 '마리아' 유형이다. 그는 자기성찰적이고 큰 뜻을 품으며 사색적이다. '조용한 신앙인의 삶'을 그보다 더 잘 이해하고 더 진지하게 사는 사람은 아무도 없다. 영혼을 해석하는 그의 능력은 매우 독특하다.

 성경 속에 나오는 이러한 예로 사도 요한을 들 수 있다. 그는 사도들 중 우울질 기질에 해당한다. 그의 글을 통해 그러한 기질이라는 사실을 쉽게 알 수 있다. 예수의 진리를 그보다 더 잘 받아들이는 사도는 없다. 그는, 다른 복음 전도사들만큼 예수에 관한 많은 사건들을 이야기하지 않는다. 그를 사로잡는 것은 예수의 삶의 세세한 부분들이 아니다. 그를 사로잡는 것은 중심에 위치한 근본이 되는 그 진리였다. 이 진리가 그를 깊게 감동시킨 것이다. 세상의 삶으로서, 세상의 빛과 진리로서, 신의 사랑의 발현으로서 그리스도가 그의 안에 존재하는 것이다. 그의 모든 글 속에 존재하는 여러 가지 표현들을 보면 이러한 그의 생각들을 알 수 있다.

게다가 요한에게는 간절한 열망이 있었고 그래서 그에게 '신의 계시'가 주어진 것이다.

우울질 요한은 주 예수께서 사랑한 제자였다. 나는 이 사실이 모든 우울질 사람들에게 위안이 되었으면 한다. 우울질 사람들만큼 고통 받는 사람은 없다. 우리가 앞서 말했듯이 그들은 고통 받는 기질을 가지고 있다. 외적인 상황과 상관없이 고통 받는 것이 우울질의 본성이다.

우울질 사람은 특별히 부드럽고 예민한 성격을 가지고 있다. 다혈질 사람은 거의 즉시 자신의 죄를 잊는다. 담즙질 사람은 너무 무신경하고 뻔뻔해서 그것이 나쁜 짓인지조차 알아채지 못한다. 점액질 사람은 차분하고 거만한 미소로 죄를 흘려보낸다. 그러나 우울질 사람은 자주 그리고 깊이 상처받는다.

게다가 자신의 행동, 말, 생각, 감정, 욕구 등을 끊임없이 분석하고 낱낱이 살피면서 스스로 슬픔을 끌어들인다. 기독교 신자인 우울질 사람에게 이러한 고통은 계속 커진다. 결국 그는 성령의 깨달음을 얻게 되고 자신의 부족함도 알게 된다.

우울질 사람 외에는 아무도 우울질 사람이 겪는 그 고통을 충분히 이해할 수 없다.

그러나 기억하라. 사랑하는 친구들이여! 주 예수께서 사랑하셨던 제자는 우울질 사람이었다.

담즙질 기질
• The Choleric Temperament •

'담즙질choleric'이란 말은 고대古代에 인체의 노란 담즙(뜨거운 액체로 여겨졌다)을 뜻하는 그리스어에서 유래된 말이다. 따라서 담즙질이라는 단어는 뜨겁고 빠르고 활동적인 기질을 나타낸다.

담즙질에서는 '의지'가 주된 천성적 요소다. 외부의 인상에 가장 먼저 반응하는 것은 의지다. 담즙질 사람이 경험하는 것은 즉시 어떤 결정으로 이어지고 다시 그의 결정은 대부분 행동으로 이어진다.

다혈질 사람에게는 즐기는 기질이 있고, 우울질 사람에게는 고통 받는 기질이 있다면, 담즙질 사람에게는 행동하고 실행하는 기질이 있다.

담즙질 사람이 보기에는, 따뜻하고 생동감 넘치는 다혈질 사람의 감정들은 그야말로 지나치게 감상적일 뿐이고, 우울질 사람의 주의 깊음과 신중함은 생각에만 잠겨 있는 게으른 모습일 뿐이다. 담즙질 사람에게는 인생이란 단지 삶의 다양한 기분들을 경험하거나 혹은 그것의 신비를 곰곰이 생각해 보는 것 이상의 의미를 지닌다. 그에게 인생은 일, 활동이다.

Strengths of the Choleric Temperament
담즙질 기질의 강점

담즙질 사람은 강한 의지력을 갖고 있다.

담즙질 사람은, 그 어떤 다른 기질도 가지지 못한, 명확하고 단호한 품성을 기를 수 있는 강한 선천적 자질을 갖고 있다.

우울질 사람이 갖고 있는 매우 위험한 약점인 수동적인 성향, 그리고 다혈질 사람이 갖고 있는 환경에 휘둘리는 성향, 이런 성향들은 담즙질 사람과는 거리가 먼 것들이다. 그는 잠재의식의 가장 깊은 곳에서부터 적극적인 성향이 있다.

그에게 있어 적극적 동기를 유발하는 힘은 '스스로 결정하고 싶어 하는 충동'에서 비롯된다. 이것은 '의식적 의지'를 확실하게 나타내 준다. 무엇보다도 그는 모든 결정을 스스로 내리길 원한다. 하지만 그는 할 수만 있다면 다른 사람들을 위해 결정을 내리는 것도 좋아한다.

우리는 다혈질 사람도 또한 활동적이라는 사실도 알고 있다. 물론 그의 방식대로 말이다. 그러나 그의 행동은 단지 약간만 그의 의지에 의해 결정된 것이다. 그는 분주하다. 그리고 그의 분주함은 대부분 본인 의지가 아닌 외부에 의해 휘둘리는 그런 천성에서 비롯된 것이다.

그러나 담즙질 사람의 행동은 자신의 의지에 의해 지시된 것이다. 그 행동은 의도적이다. 또한 그것은 목적을 위해 고군분투하는 그런 종류의 행동이다. 우울질의 특징인 조용한 통찰력과 사전 계획이라는 그런 관점에서 본다면, 담즙질의 행동은 미리 계획했다고 보기에는 조금 부족한 면이 있을 수 있다. 하지만 그럼에도 불구하고 그의 행동은 의식적이고 의도적인 계획으로부터 진행된다.

우울질 사람은 곰곰이 생각하고 면밀히 살펴보고 모든 장단점을 따져본 후에 어렵게 결정하지만, 담즙질 사람은 즉각적으로 무엇을 해야 할지를 본다. 그의 예리한 인식은 심사숙고의 결과라기보다는 직관의 결과물이다. 마치 그 순간 그의 존재 전체가 무엇을 해야 할지 느끼는 것 같다. 다른 말로 하면, 그는 행동에 초점을 맞추고 있다. 따라서 지금 무엇을 해야 할지 즉시 상황을 파악한다.

이것이 바로 담즙질의 좋은 장점이다. 즉, 그는 행동에 관해서는 엄청난 능력을 갖고 있다. 우울질은 어떤 행동을 준비하는 데 느리다. 그리고 그것에 대해 혼란스러워하고 불확실해하기 때문에 실행에 약하다. 그러나 담즙질 사람은 결정해야만 할 때 그리고 행동해야만 할 때 입장이 명확하고 자신만만하며 강인하다.

이러한 이유로 담즙질 사람은 우물쭈물함으로 생기는 고난으로부터 자유룹다. 그리고 이로 인해 그는 (우울질 사람을 탈진시키는 그런) 에너지 낭비를 피할 수 있다.

다혈질 사람도 담즙질 사람처럼 결단력을 가지고 있다. 그는 계속해서 결심을 하고 있다! 그는 지난번에 마지막으로 했던 결심보다 이번에 하는 결심을 더 강하게 한다. 그는 이곳저곳에서 약속을 한다. 그러나 다혈질 사람은 행동할 능력이 부족하고, 그래서 그의 삶은 진심으로 했던 약속들로 가득 차 있지만 또한 지켜지지 않고 이행되지 않은 약속으로도 가득 차 있다. 반면 담즙질 사람은 결심하고 행동한다.

그는 실천적이다.

이 말은, 그가 단지 행동만 할 수 있다면 아무 목표나 찾는 그런 것을 의미하는 게 아니다. 제대로 된 목표라는 측면에서 본다면 차라리 우울질 사람이 더 낫다. 담즙질 사람이 가진 실천적 감각은, 자신의 목표에 대한 직접적인 수단을 즉각적으로 활용한다는 사실에서 가장 명확하게 드러난다. 우울질 사람이 자주 실패하는 부분이 바로 이 부분이다.

우울질 사람은 자신의 목표에 도달하는 여러 가지 방법들을 심사숙고하느라 시간과 에너지를 낭비한다. 담즙질 사람들은 바로 지금 여기서 무엇을 해야 하는지를 본다. 그가 이렇게 실제적 행동 쪽으로 기울어진 것은, 그는 상상 세계가 아닌 현실 세계에서 원기 왕성하게 살고 있기 때문이다. 그는 기회주의자, 편의주의자이다. 그는 지금 현재에 살고 있고 지금 현재를 자신만의 계획에 활용한다.

그는 예리하고 신속한 사고를 한다.

그의 상상력은 다혈질 사람만큼 다재다능하지도 풍부하지도 않고, 우울질 사람처럼 깊고 심오하지도 않지만, 그는 자신이 가진 상상력을 잘 조절하고 활용한다.

그의 에너지 넘치는 의지는 예리하고 신속한 사고를 하게 해 준다. 그러나 그것을 깊은 생각으로 여기면 안 된다. 깊은 생각은 담즙질의 천성이 아니다. 그의 생각은 이론적이 아니라 실제적이다. 그는 자신의 일이 요구하는 것보다 더 많은 생각을 하지는 않는다. 하지만 그의 활동은 항상 확실한 목적을 가지고 있기 때문에, 그의 계획을 성취하기 위해서는 명확한 생각이 필요하다. 이러한 필요성은 그의 기지를 북돋아 준다. 그는 사람과 상황에 대해 예리한 통찰력을 갖게 되고 인간 본성에 대한 훌륭한 판단력을 갖게 된다. 이 모든 기술은 실용적인 목표를 가지고 있다. 만약 그가 사람들에게 관심을 갖고 그들을 연구한다면, 그것은 사람들과 친해지는 것뿐만 아니라 자신의 이익을 위해 이용할 수 있는 지식을 얻고 있는 것이다.

그는 위급상황에서 민첩하고 대담하게 행동한다.

그는 언제나 확실한 입장을 취한다. 그는 다른 사람들이 그를 대신해 어떤 것을 결정하는 것을 결코 허락하지 않는다. 그에게 무슨 일이 닥치든, 심지어 아무리 예상치 못한 일이 있어도 그는 전력을 다하여 즉각적으로 주위를 살피기 시작하고 그 상황을 지배할 수 있는 수단을 찾는 데 집중한다. 어려움에서 벗어날 수 있는 유일한 방법이 있다면 그는 즉시 그 방법을 이용한다.

그는 결코 위험을 두려워하지 않는다. 오히려 그는 위험을 좋아한다. 모험가는 대부분 거의 예외 없이 담즙질 사람이다. 안전하고 반복되는 일상적인 삶은 흥분이 부족하며 이 때문에 담즙질 사람들은 종종 견디기 힘든 것이다. 그는 미지의 것, 불확실한 것, 위험한 것 속으로 빠져들기 위해 좋은 집, 확실한 수입, 안정된 삶에서 떠나려 한다.

그는 역경에 굴복하지 않는다.

여기서 우리는 그의 가장 좋은 특징을 하나를 발견한다. 바로 평범하지 않은 체력이다. 온갖 노력을 해야만 할 때, 혹은 어떤 역경이나 저항에 부딪힐 때, 다혈질 사람과 우울질 사람은 종종 계획을 포기하지만, 담즙질 사람은 결코 굴복하지 않는다. 역경과 저항은 오히려 그를 더 강하게 만든다. 장애물들은 그의 예리한 사고력을 한층 더 강화시키고 그의 사업을 더 활발하게 만들어 준다. 그러한 역경의 시기에서도 담즙질 사람은 불굴의 의지로 나아간다. 그는 불평하지 않는다.

대부분 담즙질 사람에게는 활기차고 기운을 북돋는 그런 것이 있다. 그는 '호남아'다.

Weaknesses of the Choleric Temperament
담즙질 기질의 약점

담즙질 사람은 고집이 세고 냉정하다.

감정적 천성, 바로 이것이 담즙질 사람에게서 가장 덜 발달된 부분이다. 그는 공감하는 재능이 거의 없다. 그는 상대방의 입장에서 생각할 줄 모른다. 그는 육체적으로든 정신적으로든 고통 받는 사람들에 대한 연민이 부족하다. 공감능력이 부족한 것은 그를 가혹한 사람으로 보이게 한다. 하지만 그의 입장을 변호하여 말한다면, 다른 사람에게 엄격한 것만큼 그는 그 자신에게도 엄격하다.

그의 천성 자체가 고집이 세고 냉정하다. 그는 어딘지 모르게 낯가죽이 두껍다. 그는 삶 속에 있는 부드럽고 섬세한 것들을 이해하지 못한다. 그래서 그는 의도치 않게, 부드럽고 예민한 사람들을 거칠게 대한다. 그에게 있어 예민한 감정 같은 것들은 감상적인 헛소리이기 때문에 그는 그것들이 아무 쓸모없다고 생각한다.

그는 성급하고 난폭하다.

옛날부터 사람들은 성급하고 화를 잘 내는 사람을 담즙질이라고 불렀다. 담즙질 사람도 다혈질 사람도 분노할 수 있다. 그러나 담즙질 사람은 다혈질 사람보다 훨씬 더 폭력적이다. 그가 격노한 상태에서 일을 처리하면 결국에 그것은 그에게 많은 골칫거리를 안길 것이다.

다혈질 사람과는 달리 그에게는 사과하는 것이 어렵다. 그는 굽히지 않으려는 완고한 성향이 있다.

그는 너무 자신만만하다.
담즙질 사람은 거의 항상 자신의 목표를 달성하기 때문에 자신만만하다. 그는 자신의 계획이 다른 사람들의 계획보다 좋았기 때문에 목표를 달성했다고 생각한다.

하지만 그 계획이 성공하는 이유는 그 계획이 가진 장점 때문이 아니다. 그 계획이 성공하는 이유는 바로 그의 공격성과 끈기와 무모함 때문이며, 그는 이러한 것들을 가지고 그 계획을 밀어붙인다. 그러나 그는 자신이 남들보다 상황을 더 명확하게 잘 판단하고 있다고 생각한다. 그 자신도 자신의 계획을 실행할 에너지가 자기 안에 있다는 것을 알고 있다. 이 확신은 그의 자신감을 엄청나게 높인다.

그는 거만하고 오만하다.
그는 다른 사람들이 그들의 계획을 어쩔 수 없이 포기하는 모습을 보았을 때, (어쩌면 실수 때문일 수도 있고, 어쩌면 어려움과 장애물들을 극복하지 못해서일 수도 있다) 그들을 깔보고 싶은 유혹을 쉽게 느낀다. 이러한 경멸(타인을 깔보는 것)은 결국 그를 오만하게 만든다.

그의 강한 행동욕구로 인해 그는 본능적으로, 다른 사람들을 그가 원하는 대로 하도록 강요한다. 그는 인내심도 없고 그들을 설득할 시간도 거의 없기 때문에 결국 그는 그들에게 자신의 계획에 동의하도록 강요한다. 그는 마음속으로는 다른 사람들의 능력을 경멸하고 있고, 또한 자신의 합리적인 제안을 따르는 것이 그들에게 모두 이익이 될 것이라는 생각을 갖고 있다. 그리고 이로 인해 그는 더욱 쉽게 성공한다. 그는 일반적으로 다른 사람들을 자기 자신과 자신의 계획을 위한 도구로 본다. 따라서 그들이 자신에게 유용한 경우에만 관심이 있다. 그렇지 않다면 그는 그들을 무시한다.

그는 술수가 뛰어나다.

이 특성도 그의 행동에 대한 열정과 관련이 있다. 행동하는 것, 그의 계획을 실현시키는 것은 정당하게 대처하는 것보다 그에게 더 중요한 것 같다. 그래서 그는 종종 목표에 도달하기 위한 수단을 고를 때 그다지 까다롭지 않다. '목적이 수단을 정당화한다.'라는 말에 그는 완전히 찬성할 것이다.

그는 복수심이 강하다.

우울질 사람과 마찬가지로, 담즙질 사람도 모욕이나 마음의 상처를 쉽게 잊지 않는다. 그러나 우울질 사람이 그것에 대해 곰곰이 생각하는 동안, 담즙질 사람은 복수를 위해 행동을 개시한다.

그는 모든 일을 계획을 세운 후에 시작한다. 복수할 때도 그렇다. 그리고 그는 인내심이 강하다. 그는 좀처럼 포기하지 않고 빨리든 늦게든 반드시 복수한다.

그는 범죄자처럼 위험하다.

만약 담즙질 사람이 나쁜 길로 빠진다면 대부분 깊게 빠진다. 다혈질 사람의 경우는 어떤 죄를 짓더라도 애처로운 면도 있고 약간 변명의 여지도 있다. 우울질 사람은 대부분 비밀스런 죄를 잘 저지르긴 하지만 공공연한 죄를 짓는 것에는 타고난 자제력이 있다. 그러나 만약 담즙질 사람이 악덕과 범죄의 길로 빠지게 된다면 그는 냉혈한이 되고 공격적인 범죄자, — 즉 목적을 갖고 대담하게 행동하는, 목적을 달성하기 위해서는 그 어떤 것도 개의치 않는 — 사회에서 가장 위험한 범죄자가 된다.

전반적으로 그는 상상력이 없고 따분하며 무미건조한 천성을 갖고 있다.

다혈질 사람이나 우울질 사람이나 모두 시적 재능을 갖고 있다. 각각은 자신들만의 방식으로 삶의 풍요로움을 감지하고 받아들인다. 반면에 담즙질 사람은 삶의 소박한 것들에 대해 거의 감사하지 않는다. 그가 높이 평가하는 것은 실용주의적 가치뿐이다. 재미없고 지루한 일상생활 속에서 고결한 정신, 온화함, 유쾌함을 타인이 제공한다 하더라도 그에게는 아무런 가치가 없는 것 같다. 심지어 그는 그러한 가치를 만들어 내기 위해 어떤 것도 할 줄 모른다.

담즙질 사람들은 가정과 사회 모두에서 부인할 수 없을 정도로 유용한 사람들이지만, 동시에 까다롭고 골치 아픈 사람들이다. 그들은 건조하고 냉담하며 편협하다. 그들은 넓은 관점으로 바라보지 못한다. 그들 자신의 계획과 프로젝트 외에는 그 누구에게도 흥미도 없고 시간도 내지 않는다.

Hints for Pastors and Spiritual Counselors
목사와 영적 상담사들을 위한 유의사항

담즙질 사람은 종교에 관심을 갖기 어렵다. 종교에 전혀 관심이 없는 사람들을 보면 확실히 담즙질 사람이 가장 많다.

그 담즙질 사람은 종교를 감상적인 것이라고 여기고 쉽게 무시한다. 그는 냉정하고 강한 말투로 이렇게 표현한다. "그런 건 여자나 아이들에게만 어울리는 것이지." 교회에 나와서 예수님의 말씀을 듣도록 그를 설득하는 것은 매우 어렵기 때문에, 설교를 통해 감화시키기는 쉽지 않다. 그는 교회 참석을 순전히 시간 낭비라고 생각한다. 오랫동안 조용히 앉아 있어야 한다는 사실, 그리고 거의 한 시간 동안 완전히 비현실적인 것에 대해 생각해야 한다는 사실은 그에게 괴로운 일이다. 그래서 (그가 만약 교회를 다닌다 하더라도) 그는 기독교에서 최소한으로 요구하는 것만큼만 교회에 간다.

그러나 다행히도 예수님의 말씀, 그것 하나만으로 구원의 수단이 될 수는 없다. 예수님의 말씀이 구원의 수단이 되기 위해서는, 우선 믿음을 갖고 세상의 구원을 위해 헌신하는 신자들에 의해 예수님의 말씀이 전파되어야 한다. 성령으로 가득 찬, 그리스도를 위한 신도들의 증언은 항상 죄인들을 회개하고 전향하게 했다.

그것뿐만이 아니다. 주님은 '살아 있는 말씀'을 통해 구원하신다. 그 '말씀'은 신자들의 삶 속에 구현된다. "그리고 말씀 안에 생명이 있었다."(요

1:4)

예수께서 말씀하셨다. "이같이 너희 빛이 사람 앞에 비치게 하여, 그들로 너희 착한 행실을 보고 하늘에 계신 너희 아버지께 영광을 돌리게 하라."(마 5:16) 여기서 예수는, 사도들 속에 살아 있는 그 말씀 자체일 뿐만 아니라 사도들이 믿고 의지하여 살아가는 그 말씀이며, 또한 그들의 동료들 사이에서 발현되는 그 말씀이며, 들을 수 있을 뿐만 아니라 볼 수 있는 그 말씀이다.

다른 방식이 아닌 오직 이러한 방식의 복음주의를 통해 담즙질 사람은 기독교 신자가 될 수 있다. 담즙질 사람은 현실주의자로 오직 현실만을 인정한다. 실천적 기독교만이 쉽게 그를 납득시킬 수 있다. 살아 있는 기독교에서 우러나오는 일상의 선행이 그에게 깊은 인상을 준다.

그가 기독교를 받아들인다면 그는 완전하게 기독교인이 되는 것이다. 반쪽짜리는 그에게 어울리지 않는다. 그는 다른 모든 일에서 그러하듯, 실천적인 방법으로 기독교를 받아들인다.

우선, 그는 조금도 주저하거나 지체하지 않고 결정을 내린다. 다음으로 그는 그의 옛 생활과 완전히 결별한다. 여기서도 그의 타고난 본성은 그를 돕는다. 그는 일을 엉망으로 만드는 법이 없다. 그는 또한 자신의 안위를 조금도 염두에 두지 않는다. 전향이 무엇을 의미하는지 깨닫는 순간, 그는 옛 죄와 그리고 옛 동료들과 단번에 관계를 끊는다.

그는 강한 기독교적 성격personality을 발달시키는 데 유리한 특성을 갖고 있다. 이러한 특성이 발달하게 되는 결정적 요인은 활력 넘치는 의지다.

의지가 강할 때, 그 사람의 행동은 변덕과 기분, 외부의 영향에 의해 휘둘리지 않고 가치 있는 목표를 향한다. 더구나 담즙질 사람의 강인한 지구력은 장애물과 반대에 굴하지 않는다.

담즙질의 활기차고 진심 어린 성품이 예배에 도입되면, 그에게서 어떤 이기적인 목적이나 야망 혹은 사적 명예욕이 사라진다. 대신, 하나님과 인류의 번영을 위한 희생적 삶이 그것을 대신한다. 담즙질 사람에게는 놀랄 만큼의 가능성이 있다.

그는 적극적인 기독교인이 된다.

우울질 사람은 자신의 독실함에 만족하면서 수동적인 기독교인이 된다. 그러나 담즙질 사람은 적극적인 기독교 생활을 한다. 그는 어디에 있든지 일을 해야 한다. 그의 기독교에는 다혈질 사람의 진심 어림, 우울질 사람의 사색적인 고요가 결여되어 있다. 그러나 그는 (다른 이들에게는 부족한) 탁월한 현실감각을 갖고 있다. 너무도 많은 사람들이 '일요일에만 기독교인'[8]이기 때문에, 담즙질 사람처럼 매일매일 실천하는 기독교인은 우리에게 몹시 필요한 사람이 아닐 수 없다.

담즙질 사람에게는 기독교란 삶과 행동이다. 그는 말수가 적고 감정이나 감상적인 것들에 대해 잘 모른다. 그러나 기독교인으로서 어떻게 살아야 하는지는 안다.

---

8) 평일이나 평소에는 전혀 기독교적 가르침을 따르지 않고 일요일만 교회에 나와서 독실한 기독교인 행세를 하는 사람들

다혈질 사람도 활동적인 기독교인이지만 그는 실용적이지 못하다. 특히 인내심이 부족하다. 담즙질 사람은 자신의 활동에서 실용적이기도 하고 집요하기도 하다. 대체로 그는 기꺼이 귀중한 동료가 되어 준다. 담즙질 사람은 현실적인 감각으로 적절하고 냉정하게 사람과 환경을 판단한다. 무엇보다도 중요한 것은 그는 무엇을 해야 하고 어떻게 해야 하는지 알고 있다.

담즙질 사람은 자기 자신만 활동적인 것이 아니다. 그는 다른 사람들을 자극하여 행동을 취하게 한다. 기독교인으로서 그는 다른 사람들을 기독교적 사명에 끌어들이는 특별한 재능을 가지고 있다.

담즙질 사람의 충동적이고 위세부리는 습관이 절제되고 통제될 때 그의 특별한 재능은 엄청난 효과가 있을 것이다. 그는 그가 살고 일하는 지역에서 기독교가 어려움을 극복하고 활기차게 되는 데 큰 기여를 할 수 있을 것이다.

하지만 지도자들은 본인들은 일도 안 하면서 다른 사람들이 어떤 것을 하도록 내버려 두지도 않는다. 지도자들은 담즙질 사람의 재능이 자신들의 자리를 위협한다고 생각한다. 만약 지도자들이 기독교의 일에 참여하는 담즙질 사람의 열정을 이해하지 못한다면, 지도자들이 담즙질 사람의 재능을 이용하지 않는다면, 결국 그들은 담즙질 사람을 자신의 자리를 위협하는 성가신 존재로 여길 것이다. 담즙질 사람은 다른 기독교인들이 설정해 놓은 쉽고 소극적인 활동에 결코 만족하지 않을 것이다. 그리고 만약 그가 그의 지역사회 기독교 안에서 활동하도록 허락되지 않는다면, 그는 어쩔 수 없이 바깥에서 그렇게 할 것이다.

이런 점에서 본다면, 영적 지도자들은 그들의 나태함과 권위주의뿐만 아니라 기독교적 판단력도 상당히 부족하여 많은 실수를 저지른다. 그러한 지도자들은 그 담즙질 사람이 가진 훌륭한 재능이나 기독교 모임에서의 그의 올바른 기여를 이해하지 못한다.

성경 속에서 찾은 한 예로서, 우리는 바울을 언급할 수 있다. 그는 예수의 열두 제자 중 담즙질 기질에 해당하는 사람이었다.

첫 번째로, 우리는 그가 그리스도를 섬기기 전과 후에 얼마나 긍정적이고 결단력이 있었는지 볼 수 있다.

두 번째로, 우리는 그에게서 자신의 신념에 대한 충실함과 굳건함을 볼 수 있다. 바울은, 자신의 교단의 말썽꾸러기 사람들과 비뚤어진 시각을 가진 사람들에 대해서 뿐만 아니라, 자신들의 교구에 바울의 교단을 억지로 끼워 넣으려 하는 유대인 이단자들, 그리고 심지어 안티오크에서 비열한 위선을 범했던 베드로에 대해서도(갈 2:11-14) 대담하고 단호한 입장을 취했다.

세 번째로, 우리는 일에 대한 그의 고집스러운 능력을 볼 수 있다. "나는 그들 중 어느 누구보다도 열심히 일했다."고 그는 말했다(고전 15:10).

네 번째로, 우리는 그의 실용적인 천성을 본다. 선교 여행에서 그는 자신이 필요한 것을 스스로의 노동을 통해 구했을 뿐만 아니라, 그토록 많은 지역에서 선교 활동을 하기 위해 스스로 계획을 세우며 그는 자신만의 실용적인 감각을 보여 주었다. 그는 또한 자신이 만든 교단에서 자신의 일을 짜임새 있게 처리하는 방식을 통해 스스로의 능력을 보여 주었다. 그가 빨리 떠나야만 했었음에도 불구하고 그 자리에 남은 그가 만든 교단은 결코 없어지지 않고 계속되어 전도를 수행하였고 그리스도를 위해 더 많은 복음을 전파할 수 있었다.

다섯 번째로, 우리는 그가 거만함과 지나친 자신감이라는 위험에 노출되어 있다는 사실을 알고 있다. 이 약점에 대해 그는 이렇게 말했다. "받은 계시들이 지극히 큰 것으로 인해 나로 교만하지 않게 하시려고 내 육체에 가시 곧 사탄의 사자를 주셨습니다. 이는 나를 쳐서 교만하지 않게 하시려는 것입니다."(고후 12:7)

The Self-Discipline of the Choleric
담즙질 사람의 자기 수련

그는 불굴의 의지를 갖고 있기 때문에 그의 자기 수련 또한 엄격하고 어렵고 길어야만 한다. 아마도 그 어느 누구도 자신을 수련하기 위해 담즙질 사람보다 더 힘겨운 고군분투를 하는 사람은 없을 것이다.

우선, 그는 어떤 것과 맞서 싸울 때 폭력적인 성향을 갖고 있으며 조심성도 없다. 그는 성실하고 의식적인 노력으로 자신의 폭력적인 성질을 진정시킬 수단을 찾아야 한다. 자신의 성질을 다스리지 못할 때 — 그에게는 특히 더 — 스스로 사과하는 것만큼 확실한 치료법은 없다. 사과하는 것은 그 누구보다도 담즙질 사람에게는 굴욕적인 것이다. 바로 이런 이유 때문에 그것은 그의 불같이 무모한 천성을 억제하는 효과적인 수단이 된다.

동시에, 이와 같은 자기 훈련은 본능적인 증오심과 복수심에 대한 최고의 견제 수단이 될 것이다.

오만함을 통제하기 위한 투쟁 그리고 남을 지배하려는 성향을 통제하기 위한 그의 투쟁은, 결코 쉽지 않을 것이다. 이러한 죄악들은 그가 타인의 지시에 따라 매일 일해야 할 일을 일부러 떠맡지 않고는 결코 제압할 수 없을 것이다. 그렇게 한 후에야 그는 과거 자신의 성미가 고약했었다는 사실을 그리고 걸핏하면 싸우려 했었던 사실을 깨닫게 될 것이다. 만약 그가 솔직하고 정직하다면, 그는 먼저 하나님 앞에 무릎 꿇을 것이고 그 다음에는 동료들 앞에 무릎 꿇을 것이다.

게다가 그는 외적인 이해타산에 집중하려는 경향에 맞서 싸워야 한다. 그 유혹은 외부 활동에 대한 천성적 갈망보다 더 크다. 그러한 충동은 그가 가치 있는 기독교 일에 종사하고 있다는 사실 때문에 더욱 심해질 수 있다.

이것은 '마르타 영혼'의 위대한 시험과 같은 것이다. 이미 그가 신앙생활을 하는 동안 고귀한 동기로 신성한 결실을 맺는 일에 전념하고 있다는 사실 때문에, 그는 내적 함양을 소홀히 하려는 유혹에 빠질 수 있다. 조용히 성경을 읽고 기도를 하는 일을 빼먹기 위해 변명을 찾기는 쉽다. 만약 담즙질 사람이 이러한 부분에서 꾸준히 노력하지 않는다면, 그는 기독교적인 업무는 잘하지만 영적으로 메마른 기독교인이 될 것이다. 왜냐하면 그들은 '높은 곳에서 오는 힘'에 자신을 내맡겨 스스로를 신의 영광으로 감싸려 하지 않고, 단지 그들 자신이 가진 지성과 힘에 의존하려 하기 때문이다.

마지막으로, 다혈질 사람은 집단을 분열시키고 새로운 기독교적 단체를 만들려고 하는 충동에 맞서 싸워야 한다.

이 특별한 유혹은 그의 자부심과 자신감, 남을 비판하는 성향, 그리고 활동에 대한 거부할 수 없는 갈망에서 나온다. 담즙질 사람은 다른 사람들이 하는 일에 즉각 화가 나서 그들과 그들의 일을 모두 개혁하려고 한다. 만약 그가 성공한다면 모든 것이 잘 될 것이다. 그러나 그가 성공하지 못한다면 그는 다음과 같은 악마의 충고를 따르고 싶은 강한 유혹을 받는다. "분열시켜 다스려라." 일반적으로 그것은 충분히 쉽게 할 수 있다. 이 새로운 그룹에는 새로운 것을 열망하는 몇 명의 다혈질 인물들이 거의 항상 있다. 그 다혈질 인물들은 순수하고 선의를 갖고 있다. 그들은 그들의 현재 지도자에 반기를 들 의도가 없다. 그러나 약삭빠른 담즙질 사람은 교단을 분열시키려는 작업에 다혈질 사람들을 이용하는데, 왜냐하면 우리가 보아 온 것처럼 다혈질 사람들은 훌륭한 선동가이기 때문이다.

이 계획은 담즙질 사람에게는 치열한 고군분투다. 엄청난 힘과 노력이 그 작업에 투입된다. 출세는 그 누구에게보다 담즙질 사람에게 더 큰 의미가 있으며 그는 종교적인 일 속에서 출세할 수 있는 엄청난 기회를 본다.

신의 전지전능하신 힘 아래에서 그가 자기 자신을 낮추는 법을 배운 후에야 그는 이 유혹[9]에서 승리를 거둘 수 있다.

  물론 담즙질 사람은 엄청난 힘을 갖고 있다. 그는 반역의 영혼을 갖고 태어났다. 그는 신에 대해서도 인간에 대해서도 쉽게 반기를 든다. 그러나 가장 야생적인 어린 말horse이야말로 길들여질 때 가장 최고의 말이 되는 것이다.

---

9) 자신의 명예와 출세를 따르라는 악마의 유혹

점액질 기질
• 𝔗𝔥𝔢 𝔓𝔥𝔩𝔢𝔤𝔪𝔞𝔱𝔦𝔠 𝔗𝔢𝔪𝔭𝔢𝔯𝔞𝔪𝔢𝔫𝔱 •

'점액질Phlegmatic'이라는 단어는 그리스어 프레그마phlegma라는 단어에서 유래되었다. 이것은 차갑고 축축한 체액을 의미하며 게으름을 유발한다고 한다. 따라서 '점액질'은 느리고 차분한 기질을 나타낸다.

다혈질 사람이 쾌활한 기질을 갖고 있고, 우울질 사람은 고통스러운 기질을 갖고 있으며, 담즙질 사람은 활동적인 기질을 갖고 있고, 점액질은 차분하고 균형 잡힌 기질을 갖고 있다.

우선, 점액질 사람은 주위로부터 들어오는 인상들을 — 다른 기질의 사람들에서보다 — 훨씬 더 조화롭게 받아들인다. 그의 천성에는 적극적인 면이 하나도 없다. 담즙질 사람의 경우라면 그것은 의지가 우세하고, 다혈질 사람의 경우라면 감정이 우세할 것이며, 우울질 사람의 경우라면 감각과 지성이 우세할 것이다.

　이 점액질 사람은 행복을 느끼며 삶과 현재의 존재성을 받아들인다. 반면에 다른 유형의 사람들은 그들의 환경과 지속적인 갈등을 겪으며 살아간다. 다혈질 사람은 그의 환경으로부터 모든 인상을 붙잡으려고 노력한다. 우울질 사람은 주위의 현실과 갈등을 겪고 결국 반대에 부딪히지 않는 꿈의 세계(이상적 세계관 혹은 사상)에 전념하는 것을 선호한다. 담즙질 사람은 자신의 환경과 투쟁하는데 그것은 그가 기존 상태를 바꾸려고 끊임없이 행동하기 때문이다. 반면에, 점액질 사람은 침착하게 삶을 바라본다.

　다른 기질의 사람들은 모두 주위 환경에 어떤 식으로든 휘둘리지만, 점액질 사람은 주변 환경에 대해 담담한 모습을 보인다. 그 다양한 인상들은 그의 천성의 모든 면에 너무나 고르게 작용하기 때문에 그는 사실상 모든 상황에서 내적 평형을 유지한다. 그는 항상 침착하고 조용한 구경꾼이 된다.

　다혈질 사람은 자신에게 오는 모든 인상들을 흡수하는 일에 항상 전념하고 있지만, 점액질 사람은 그렇지 않다. 그는 우울질 사람처럼 모든 사람의 결함과 모든 것의 불완전함에 짜증을 내지 않는다. 또한 그는 담즙질 사람처럼 어떤 것을 개혁하거나 바꾸기 위해 애쓰지 않는다.

　그는 외적인 상황에 의해 흔들리지 않는 스토아stoic적 평온함을 갖고 있다. 그는 놀라지 않는다. 다혈질 사람은 방심하지만 그는 방심하지 않는다. 우울질 사람은 실존하고 있는 부조화를 신경 쓰지만 그는 신경 쓰지 않는다. 담즙질 사람은 문제나 위험에 직면했을 때 신경이 날카로워지지만 그는 그렇게 되지 않는다.

그의 이상조차도 그를 방해하지 않는다. 그는 자신의 이상ideals이 알맞게 작동될 때까지 이상을 계속 수정한다.

역경조차도 그에게 아주 심각한 영향을 끼치지 못한다. "사람은 자신의 운명을 받아들여야 한다." 그는 조용하고 무미건조하게 말한다.

Strengths of the Phlegmatic Temperament
점액질 기질의 강점

점액질 사람은 성격이 좋고 사귀기 쉽다.

이것은 그의 차분한 천성 덕분이다. 그는 매일매일의 삶 속에서도 조용한 관람객 역할을 한다. 물론 그는 동료들의 편협함과 결점을 보고 나름대로의 생각을 갖고 있지만 그들에게 짜증을 거의 내지 않는다. 그는 성미가 급하지 않고 원한을 품지 않는다.

그는 천성적으로 다혈질 사람처럼 그토록 호의적이지는 않다. 그는 그의 동료들 사이에서 그토록 적극적이거나 주도적인 모습을 보이지는 않는다. 그러나 그는 일상의 삶에서 이것보다 더 가치 있는 자질을 가지고 있다. 그는 평화를 사랑한다. 이 특성은 그의 천성과 일치한다. 그는 흥분과 시끄러움을 거의 원하지 않는다. 그는 왜 사람들이 항상 사물에 대해 그렇게 호들갑을 떠는지 이해할 수가 없다. 그는 차분하고 친구 사귀는 것을 좋아한다. 일반적으로 그의 모습은 몸이 통통하고 전체적으로 둥근데, 정신적으로도 그렇다.

결과적으로 그는 다른 사람들을 부드럽게 해 주고 달래 주는 능력이 있다. 말다툼을 하려면 두 사람이 해야 한다. 결혼 생활에서, 집에서, 직장에서, 심지어 매우 불안정하고 요동치는 환경 속이라도, 그는 사람들을 안정시켜 주는 능력이 있다.

사회에서는 점액질 사람은 다혈질 사람처럼 생기 있는 것도 아니고, 우울질 사람처럼 조용하고 침울한 것도 아니다. 별로 할 말이 없더라도 그에게는 명랑하고 유쾌한 데가 있다. 지루하고 평범한 담즙질과는 대조적으로, 그에게는 아늑하고 편안하며 재치 있는 무언가가 있다. 사실 그보다 더 재치 있는 사람은 없다. 그는 다른 이들보다 더 차분하게 그리고 더 날카롭게 사람들과 상황을 관찰한다. 그리고 이러한 것은 그에게 코미디언보다 더 예리한 관찰력을 준다. 다혈질 사람도 위트가 있지만, 농담을 다 말하기도 전에 재미를 죽인다. 그는 대단한 심리학자가 아니다. 우울질 사람도 농담을 할 수 있지만 그도 성공하지 못한다. 우울질 사람의 농담은 평범한 사람에게는 너무 억지스럽고 난해하다.

점액질 사람의 농담은 무미건조하다. 그는 결코 농담에 대한 어떤 예고나 설명도 하지 않는다. 그는 침착하고 진지한 얼굴과 목소리의 톤으로 우리에게 예상치 못한 즐거움을 준다. 그는 농담을 하면서 거의 웃지 않는다. 그는 그 상황 자체로 우리를 놀라게 한다. 매일매일의 삶 속에서 그는, 다른 일을 할 때처럼 침착하고 조용한 방법으로 농담을 한다. 특히 재미와 즐거움을 기대하는 사교 모임에서 그의 유머는 몇 배의 효과가 있다.

그는 침착하고 믿음직스럽다.

위험에 처했을 때 점액질 사람은 항상 침착하다. 반면, 우리는 이미 담즙질이 위험에 처했을 때 그가 보여 주는 태도에 대해 언급했다. 담즙질 사람은 즉각적으로 행동한다. 그는 위급상황에서 빠르게 행동한다. 그렇다. 위험을 피하려는 그의 시도는 때로는 무모할 수도 있다.

그러나 점액질 사람은 행동부터 하려고 하지 않는다. 그의 장점은 지금 당장 위험 속에 있더라도 차분히 상황을 바라보고 모든 가능성을 저울질하고 비교한 다음, 가장 간단하고 안전한 출구를 선택한다는 사실에 있다. 우리는 점액질 사람의 불굴의 용기와 침착성을 위험 속에서 가장 분명하게 볼 수 있다.

그의 평온함은 또한 그의 일상생활에 큰 이점을 준다. 그는 자신이 수행해야 할 일을 철저히 심사숙고하는 데 시간을 들인다. 다혈질 사람과 담즙질 사람이 어려움에 빠지는 곳이 바로 이곳이다. 최악의 어리석은 실수를 저지르는 사람은 다혈질 사람이지만, 다혈질 사람과 담즙질 사람 둘 다 너무 서두르는 경향이 있다. 점액질 사람은 행동하기 전에 시간을 들여 모든 것을 신중하게 고려한다. 그러므로 그가 무엇을 했든 모두 잘 되어 있다. 그가 한 일은 언제나 믿을 만하다.

우정에 있어서 점액질 사람은 다혈질 사람처럼 친절하고 과시적이지 않다. 점액질 사람은 변함없고 충실하다. 곧 알게 되겠지만 그도 자신의 결점을 가지고 있음에도 불구하고 그는 말도 안 되는 일은 결코 벌이지 않는다.

그는 천성적으로 담즙질 사람처럼 활발하지는 않지만 그렇다고 해서 우울질 사람처럼 기운 없고 결단력도 없는 것은 아니다.

그는 결정도 할 수 있고 행동도 할 수 있다. 그러나 그는 이것을 쉽게 하지 않는다. 일반적으로 그는 상황에 의해 혹은 다른 사람에 의해 강요되어야만 이러한 행동에 돌입한다. 하지만 일단 그가 행동을 시작하면 그는 자신이 얼마나 능률적일 수 있는지를 보여 준다.

그는 실용적인 사고방식을 가지고 있다.

그의 생각은 우울질 사람만큼 심오하지도 않고 담즙질 사람만큼 예리하지도 않지만, 누구보다도 차분하고 넓게 생각한다. 우울질 사람의 생각은 자신의 느낌과 너무도 밀접하게 연관되어 있다. 담즙질 사람의 생각은 자신의 의지와 너무도 밀접하게 연관되어 있다. 따라서 그들의 결론은 다소 편향적이다. 그러나 점액질 사람의 성격은 침착하고 냉정하기 때문에, 그의 생각은 자체적으로 자유롭게 확장될 수 있다. 다른 유형의 사람들과는 달리 그는 근거 없는 낙관적인 생각을 하지 않는다.

이러한 특징들은 그를 특히 과학 분야에 적합하게 만든다. 물론 그가 역사에 길이 남을 정도의 과학자 반열에 오르지는 않을 것이다. 사회과학과 물리과학 모두에서 독창적인 발견은 대개 우울질 사람에 의해 이루어지는데, 그러한 업적은 통찰력과 심사숙고하는 성향이 합쳐져야만 가능하기 때문이다.

그러나 점액질 사람은 우울질 사람의 기발한 아이디어를 실제적으로 활용하는 능력을 가지고 있다. 점액질 사람은 침착한 천성으로 인해 더 넓은 근원에서 자료를 모으고, 담즙질 사람이나 우울질 사람보다 차분하게 상황을 분석할 수 있다.

그의 실용적인 감각은 그가 삶에 적응하는 것을 쉽게 해 준다. 그는 어떤 것을 고집하고 삶에서 뭔가를 얻어내는 데 뛰어난 자질을 갖고 있다. 다른 사람들은 자신의 실수나 돌발 행동으로 인해 시간과 에너지를 낭비하지만 그는 그러한 실수를 하지 않는다.

우리는 그 점액질 사람이 특별히 활동적이지 않다고 말했다. 그는 자신의 모든 잠재력을 사용하지 않는다. 담즙질 사람은 항상 자기 자신을 위해서 행동하지만 점액질 사람은 그렇지 않다. 다른 사람들은 점액질 사람의 실용적인 지혜로 인해 더 많은 이익을 얻을 것이다. 그 담즙질 사람은 말이든 행동이든 어느 하나도 타인에게 도움 되는 것이 거의 없다. 그러나 점액질 사람은 말과 행동 모두 타인에게 도움이 된다. 하지만 그는 그것이 요구되어질 때만 그렇게 한다. 만약 그 누군가가 그에게 조언을 구하거나 도움을 요청한다면 그는 재빠르게 반응할 것이다.

여기서 나는 특히 상담자로서 기질별 능력을 언급하고 싶다. 다혈질 사람 또한 타인에게 도움을 주려고 한다. 그는 항상 남에게 줄 조언이 엄청나게 많다. 그는 조언만 해 주는 것이 아니다. 그는 종종 사람들에게 그것을 귀담아듣도록 만든다. 우울질 사람은 대부분 관념의 세계인 자기만의 세계에 살고 있다. 그는 타인의 입장에서 생각하는 능력이 없다. 따라서 그는 훌륭한 조언을 할 수 없다. 그리고 일반적으로, 담즙질 사람은 자신의 계획이나 목적 외에는 그 어떠한 것에도 관심이 없다. 그러므로 그는 조언해 달라고 거의 요구받지 않는다.

그러나 점액질 사람은 충분한 시간뿐 아니라 문제의 모든 측면을 고려하는 데 필요한 마음의 침착함도 가지고 있다. 그는 감정에 치우치지 않기 때문에 문제를 전체적으로 명확하게 볼 수 있다. 만약 우리가 그의 충고를 따른다면, 우리는 큰 실수를 하지 않을 것이다.

Weaknesses of the Phlegmatic Temperament
점액질 기질의 단점

점액질 기질의 사람은 느리다.

그 어느 것도 그를 놀라게 할 수 없다. 그 어느 것도 그를 움직이게 할 수 없다. 그 어느 것도 그를 궁금하게 할 수 없다. 그 어느 것도 그가 열정을 가지도록 할 수 없다. 그는 조용한 관람객이다.

일상생활 속에서 이런 태도는 타인을 쉽게 짜증나게 한다. 점액질 사람은 기쁨이나 슬픔, 분노나 열정에 사로잡히지 않는다. 그는 모순적인 미소를 띤 채로 극도로 흥분한 개인들을 차분히 바라본다.

게다가 그는 안절부절못하는 성향에 대해 긍정적인 반응을 보인다. 만약 다혈질 기질의 사람이 온화하고 열정적인 모습으로 들어온다면, 점액질 사람은 얼음처럼 차가워진다. 우울질 사람이 비관적인 태도로 세상의 불행을 애통해하며 들어온다면, 점액질 사람은 오히려 평소보다 더 낙관주의적이 되어 우울질 사람을 참을 수 없을 정도로 괴롭힌다. 만약 담즙질 사람이 자신의 계획과 그의 프로젝트를 가득 안고 들어온다면, 그의 열정에 찬물을 끼얹는 것은 점액질 사람에게는 하나의 엄청난 즐거움이다. 그의 침착함과 예리한 이해력으로 담즙질 사업의 약점을 지적하는 것은 쉬운 일이다.

만약 점액질 사람이 자신의 특성 중 남에게 도움 되지 않는 그런 특성을 발달시킨다면 (그는 항상 침착하기 때문에) 남들은 그를 '타인을 놀려대고 못살게 구는 사람'으로 여길 것이다. 다른 사람들이 격분할 때 그는 가장 평온할 수 있다.

그는 게으르다.

점액질 사람은 다른 어떤 유형의 사람보다도 게으르다. 다혈질 사람과 담즙질 사람은 항상 바쁘다. 우울질 사람은 그 정도까지 바쁘지는 않지만 그래도 점액질 사람보다는 활동적이다. 왜냐하면 우울질 사람은 자신의 생각들로 바쁘기 때문이다. 점액질 사람은 어떤 노력도 하지 않는다.

천성적으로 그는 다른 유형들보다 더 많은 자원을 갖고 있음에도 불구하고 가장 쉽게 지치고 무력해진다. 게다가 그는 다른 사람들보다 적은 노력으로 자신의 일을 할 수 있다. 그는 업무를 가장 잘 이해하고 있고 계획을 가장 잘 알고 있으며 가장 잘 실행할 수 있다.

그는 기회주의자이다.

이 특성은 그가 모든 곤란함과 불편함을 싫어하는 것과 관련이 있다. 그는 옳고 정의로운 것보다는 쉽고 편리한 것에 더 관심을 가지며, 따라서 자신의 기준을 낮추고자 하는 유혹을 받는다.

그는 남에 대해 무관심하다.

점액질 사람은 담즙질 사람처럼 딱딱하지도 잔인하지도 않지만 냉정하다. 그는 다른 사람으로부터 행동에 대한 자극을 받는다면, 누군가가 그의 충고와 도움을 요청한다면 그는 마음이 착하고 유쾌한 모습이 된다. 그렇지 않을 경우에 그는 가능한 한 평온함을 원하기 때문에 조용히 있는다. 그래서 그는 다른 사람들의 슬픔과 필요에는 ─ 그들이 그에게 요구하지 않는다면 ─ 신경 쓰지 않고 그냥 자신의 편안한 삶을 산다.

그는 교활하다.

점액질 사람은 프랑스인들이 '블라제blasé(싫증난 태도, 흥미를 잃은 태도)'라고 부르는 거만하고 무관심한 태도를 가장 잘 보여 준다. 그의 기질은 고르게 균형 잡혀 있다. 그는 그의 주변에서 일어나는 모든 일들에 대해 무관심한 관람객일 뿐이다. 그는 침착하고 예리한 시선으로 사람들의 어리석음, 멍청함, 허영심, 이기주의를 본다. 그리고 그는 사람들을 경멸하게 된다. 그의 태도는 거만하다. 그는 세상사를 잘 알고 사람들을 연구하지만 그들에 대한 진정한 관심은 거의 없다.

타인과의 관계에 있어서 네 기질의 단점은 다음과 같이 표현될 수 있다. 다혈질 사람은 사람들과의 관계와 교류를 즐기지만 그 순간이 지나가면 곧 까먹는다. 우울질 사람은 사람들 때문에 짜증이 나지만 그냥 그들이 비뚤어진 길을 가도록 놔둔다. 담즙질 사람은 자신의 이익을 위해 사람들을 이용한다. 그 후에 그는 그들을 무시한다. 점액질 사람들은 거만한 태도로 사람들을 연구한다.

Hints for Pastors and Spiritual Counselors
목사와 영적 상담사들을 위한 유의사항

점액질 사람은 특히 자기 독선에 빠지기 쉽다.

그의 삶은 올바르고 균형 잡혀 있다. 그는 크게 사악하지 않다. 그는 불편하고 귀찮다는 이유만으로 방탕함, 악행, 음주, 잔혹함과 같은 죄악을 멀리한다. 그는 자신의 이상과 타협할 수 있기 때문에, 스스로를 평가할 때 자기 자신을 비난할 이유가 거의 없다. 사실 그는 자기 자신이 도덕적으로 평균 이상이라고 생각한다.

점액질 사람은 일반적으로 교회에 관심이 있다. 이 흥미 역시 차분한 성격에서 비롯된 것이다. 그는 보수적인데, 그 이유는 보수적 관점이 가장 적은 노력을 필요로 하기 때문이다. 사실 교회에 대한 그의 관심은 그다지 적극적이지도 않고 열정적이지도 않다. 그러나 점액질 사람은 교회에 대한 선천적인 존경심을 가지고 있다. 만약 교회가 어려움에 빠지게 되면 그는 교회를 돕기 위해 적극적인 역할을 할 것이다.

점액질 사람과 기독교에 대해 토론하는 것은 쉽지 않다. 그는 (양심에 찔리는 일을 하지 않기 때문에) 양심의 가책으로부터 자유롭다. 또한 그는 '자신이 옳다'라는 생각에 의해 보호받고 있다(실제로도 그는 대부분 올바르게 생각한다). 게다가 그는 침착하고 맑은 지성으로 진실의 검의 공격을 모두 능숙하게 쳐낸다. 결국 그는 자신이 생각하기에 유일하게 상식적인 자신의 도덕성과 독실함을 방어한다.

점액질 사람은 슬픔이나 역경 속에서도 다른 사람들처럼 고통 받지 않는다. 그는 다소 쉽게 체념하고 슬픔이나 역경을 자신의 운명이라 여기고 받아들인다. 이러한 성향은 신이 불행을 통해 그를 일깨우려는 것을 어렵게 한다.

그는 합리주의에 쉽게 빠져든다. 이것은 그가 교회의 불화나 그와 비슷한 어떤 사태에도 몸을 던지지 않겠다는 것을 의미한다. 문제를 해결하기 위해 온몸으로 헌신하는 것은 그의 성격에 맞지 않는다. 그러나 교회의 분쟁이 있든 없든, 그는 합리주의적 도덕과 합리주의적 종교에 쉽게 빠져든다.

그와 신에 관해 대화를 나누는 것은 어렵지 않다. 그는 마음씨가 착하고 어느 정도는 곤란함을 피하려고 하기 때문에 친근하고 잘 협조하는 태도를 보인다.

때때로 그는, 사람들이 완전히 잘못된 방식으로 종교를 다루고 있다고 느끼기 때문에 종교적인 문제에 대한 자신의 의견을 표현해야만 한다고 느끼기도 한다. 그러나 종교적인 문제에 대한 깊은 토론은 물론, 토론보다 더 깊은 심층적인 내용에 대해서도 그와 이야기하는 것은 쉽지 않다. 그는 대화를 회피한다. 그는 양심에게 말할 기회를 주는 것만큼 마음의 평화를 위협하는 것은 없다고 본능적으로 느낀다. 따라서 그는 마음의 문을 열지 않으며 타인이 그의 양심에 다가가는 것은 어렵다.

점액질 사람이 영적으로 깨닫기 위해서는 엄청난 어려움을 극복해야만 한다. 신은 이 모든 것들을 알고 있고 우리가 죄를 짓는 그런 방식을 통해서도 신은 우리에게 다가온다.

깨달음의 과정은 다른 기질의 사람에서보다 점액질 사람에게서는 좀 더 조용하게 이루어진다. 여기서도 그의 균형 잡힌 본성이 뚜렷하게 드러난다. 그는 다혈질 사람처럼 슬픔과 불행으로 가득 찬 그런 감정적인 모습을 보이지 않을 것이며, 우울질 사람처럼 그토록 많은 골치 아픈 고민들로 인해 생각에 잠기지도 않을 것이다. 점액질 사람의 깨달음은 담즙질 사람의 깨달음처럼 극적이지는 않을 것이다. 비교적 조용하고 눈에 띄지 않게 진행될 것이다. 점액질 사람처럼 '이름 없는' 기독교인이 되고 싶은 사람은 아무도 없을 것이다. 그가 '이름 없는' 기독교인이 되고 싶은 이유는, 소란을 가능한 한 최소한으로 줄이고 싶어 하기 때문이고 또한 만약 대중 앞에서 공개적인 고해성사를 하게 되면 그것이 그를 불편하게 만들 것이라는 사실을 알고 있기 때문이다.

점액질 사람이 결국 그리스도를 위해 스스로를 극복해 냈을 때, 그리고 그의 기질이 단련되고 다듬어졌을 때 그는 진정한 기독교인이 된다. 그는 특히 조화로운 기독교 생활에 잘 맞는다. 그는 결코 그다지 진취적인 사람이 되지는 않겠지만, 그렇다고 해서 그가 일을 하지 않는다는 것은 아니다.

첫 번째로, 그는 훌륭한 지도자가 될 것이다. 그보다 더 좋은 행정 능력을 가진 사람은 없다. 그는 감정에 휘둘리지 않는 관점으로 사람들과 상황을 침착하게 판단한다. 따라서 그는 어떤 문제에 대해 그 배경과 향후 다른 가능성까지도 완전히 이해할 수 있다.

두 번째로, 점액질 사람은 다혈질 사람처럼 호들갑이나 허풍을 떨지 않으며, 동시에 사람들이 분열되어 서로 대립하게 된 그런 사태를 잘 수습하는 재주를 가지고 있다. 그리고 담즙질 사람처럼 남을 불쾌하게 하지도 않는다. 그는 차분하고 신중하게, 자신의 다양한 재능들을 필요로 하는 바로 그곳에서 일하게 될 것이다.

만약 그가 어쩔 수 없이 행동하게 되었다면, 그의 일은 주로 다른 일꾼들을 모아 그들이 하나로서 함께 행동하도록 그들을 지도하는 일이 될 것이다. 그는 그러한 지도력에 있어 특별한 재능을 갖고 있다. 평화와 조화로움에 대한 그의 사랑으로 인해 그는 많은 다른 종류의 사람들을 탁월하게 잘 다룰 수 있다. 그의 침착함과 평온함은, 갈등을 통합하고 상처받은 마음을 치유해 주는 효과가 있다. 그러나 점액질 사람이 분열된 성격을 갖고 있다면 기독교의 인류애를 분열시킬 위험이 있다.

마침내 점액질 사람은 침착하고 예리한 눈으로 그 목표를 본다. 그것은 종종 다혈질 사람과 담즙질 사람에게는 너무 멀리 있어 보이지 않는다. 그들 둘은 다소 '근시안적'이기 때문이다. 게다가 점액질 사람은 반드시 사용되어야 할 수단을 잘 발견한다. 비록 친구들이 불평하고, 그 일이 성공하지 못할 때 반대자들이 비웃더라도, 점액질 사람은 — 자신의 다소 둔한 천성과 마찬가지로 — 목표에 도달할 때까지 포기하지 않는 그런 강인함과 인내심을 가지고 있다.

지도자든 아니든, 점액질 기독교인은 교회에서 매우 귀중한 사람이다. 점액질 기독교인의 기독교적 삶은 명확하고 침착한 것이 특징이다. 그는 진실로 '견실한 마음'을 가지고 있다(딤후 1:7).[10] 그는 자신의 가치관을 결코 버리지 않는다. 심지어, 다른 사람들이 모두 영적으로 도취되어 들떠 있다 하더라도 그는 제정신으로 남아 있을 것이다.

점액질 기독교인은 우울질 사람과 함께 활기찬 교회의 핵심적인 역할을 하며, 영적으로 활동적인 기간이나 영적으로 둔한 기간이나 상관없이 다른 두 가지 기질(다혈질 및 담즙질)의 사람들에 의해 발생하는 작은 소동에 대해 균형을 잡아 준다.

---

10) "하나님께서는 우리에게 비겁함의 영이 아니라 능력과 사랑과 견실한 정신의 영을 주셨습니다."(딤후 1:7)

The Self-Discipline of the Phlegmatic
점액질 사람의 자기 수련

　점액질 사람의 약점은 자신의 이상과 타협하고 싶은 유혹에 빠져, 낮은 기준에 만족해 버리는 것이다. 따라서 점액질 사람은 무엇보다도 나태함에 빠지지 않도록 분투해야만 한다. 나태함은 그가 일상적인 기독교 생활에서 마주치는 유혹이다.

　비록 겉으로 보기에는 명백하게 흠잡을 데 없고 균형 잡힌 일상생활 같지만, 사실 그것은 자만과 태만의 죄를 (이것은 점액질 사람만이 저지를 수 있는 특별한 죄다) 몰래 감추고 있는 것이다. 점액질 사람이 아닌 다른 기질유형의 사람은 기독교적 모습을 그렇게 쉽게 잘 유지하지 못한다. 점액질 사람은 심지어 기독교적 신앙의 힘과 기독교 정신이 부족한 상태에서도 기독교적 모습을 잘 유지한다. 그는 어떤 형태라도 곤란한 것을 천성적으로 싫어하기 때문에, 게으름에서 벗어나려는 투쟁은 그에게 쉽지 않은 일이다. 게다가 그는 지략이 풍부하여 자신의 나태함에 대한 변명을 잘 찾아낸다. 만약 그가 수동성을 극복하기 위해 자신의 의지를 단련시키지 않는다면, 그는 한 개인으로서 뿐만 아니라 기독교인으로서도 나태하고 게으른 상태로 계속 머물 것이다.

　여기서, 다음에 나오는 사도 바울의 예를 — 글자 그대로 — 따르는 것은, 다른 누구도 아닌 바로 점액질 사람에게 필요하다. "그러나 내가 내 몸을 쳐 복종하게 함은 내가 남에게 설교한 후에 내 자신이 타락하지 않게 하

기 위해서이다."(고전 9:27)

육체적 게으름을 어떻게 극복해야 하는지는 개인이 결정해야 할 문제일 수도 있다. 그러나 점액질 사람은 성실함을 통해 게으른 사람이 싫어하는 일을 의도적으로 매일 해야만 한다. 이러한 실천은 그가 천성적인 게으름을 극복하고 의지를 다지는 데 도움이 된다.

점액질 사람이 자신의 단점을 극복하기 위해 의도적으로 해야 하는 일로는, 예를 들어 남보다 조금 더 일찍 일어나 즉시 차가운 물로 샤워를 해야 하는 습관을 엄격하게 지키는 것, 그리고 일상생활에서 ― 다른 사람들이 기대하지 않은 ― 타인을 위한 봉사를 하는 것 등이 있다. 만약 그가 이것보다 더 강한 훈육을 스스로에게 부과하지 않는다면, 머지않아 그의 영혼과 신체는 자신의 게으름과 나태함에 굴복하게 될 것이다.

기독교인들이 이런 수련의 효과를 깨닫게 된다면 많은 사람들은 그것을 따르게 될 것이다. 성경 속의 사도들처럼 그들은 자신들의 육신의 유혹을 이겨 낼 것이다. 그들은 그것이 육체적으로나 영적으로나 자신들의 삶을 더 밝게 만든다고 느낄 것이다. 또한 그러한 수련은 냉담함, 감정 부족, 관심 부족과 같은 다른 약점을 극복하는 데 있어서도 그의 힘을 강화시켜 줄 것이다.

사랑은 본질적으로, 실천됨을 통해 조용하고 확실하게 커지고 풍부해진다. 만약 그 점액질 사람이 그의 일상생활에서 어떤 애정 어린 봉사를 실천한다면, 그의 마음이 점차 조금씩 열리게 되어 다른 사람들의 필요와 욕구를 점점 더 잘 알게 될 것이다. 그 후 그는 귀찮은 것이 없는 나태한 삶을 사는 그런 소극적인 즐거움을 훨씬 능가하는 새로운 기쁨을 경험하기 시작할 것이다. 그는 타인을 행복하게 해 줌으로써 순수한 기쁨과 환희를 느끼게 될 것이다. 그러나 이렇게 되기까지는 고군분투가 필요하다. 그의 느긋한 천성은 상당히 강력하기 때문에 그는 많은 실패로 고생할 것이다. 하지만 심지어 이런 실패조차도 그에게 도움이 될 수 있다. 그러한 실패들이 — 점액질 기질의 특징이기도 한 — 우월감으로부터 그를 자유롭게 해 줄 것이다.

그 후 그는 자유로워진 상태에서 모든 것을 바라보게 된다. 그리고 결국 그는 그를 압도하는 그 어떤 것을 만나게 된다. 그는 신, 절대자, 성스러운 그분, 하나님을 만난다. 그리고 나서 이제 그 누구도 그를 관심 없는 관람객으로 치부할 수 없다. 여기, 그는 이제, 하나님으로부터 도망치거나 아니면 하나님을 섬겨야 한다. 이것이 거룩한 신을 마주하고 있는 그 점액질 사람들의 구원이 될 것이다. 그리고 바로 여기서, 눈앞에서, 자신의 독선과 타협된 이상, 그리고 그의 합리주의는 불타 없어질 것이다.

기질의 의의
• The Significance of the Temperaments •

기질은 원래의 형태로 유지되는 것도 아니고 지워지는 것도 아니다. 대신에 그것은 훈련되고 수정되고 정화되어야 한다.

그러나 자신의 기질을 수정하는 데 있어 ― 다른 것들과 마찬가지로 ― 즐거운 방법을 찾기는 어렵다. 어떤 사람들은 타고난 성향에 간섭하는 것은 소용없는 짓이라고 주장하면서 자신들의 타고난 기질을 순순히 따르고만 있다. 때때로 심지어 그들은 자신들의 입장을 옹호하기 위해 성경 구절을 인용하기도 한다. "에티오피아 사람이 자기 피부색을 바꿀 수 있겠느냐? 표범이 자기 반점을 변하게 할 수 있겠느냐?"(렘 13:23). 그러나 이러한 견해를 가진 사람들끼리도 의견이 완전히 일치하지 않는다. 그들조차도 그들의 기질 중 최악의 모습과는 맞서 싸워야 한다고 느낀다.

그러나 다른 사람들은 정반대의 극단적 견해를 지지할 것이다. 예를 들어, 어떤 사람은 자신의 성격에서 불쾌하고 좋지 않은 모습을 발견할지도 모른다. 그는 그의 기질대로 행동하면서 때때로 불쾌한 상황을 맞닥뜨리고 깊은 굴욕을 경험하게 되고, 이로 인해 그는 자신의 성격에서 그러한 특징들을 뿌리 뽑기 위해 결심하게 된다.

아니면 다른 동기가 그를 그렇게 하도록 만들지도 모른다. 그는 자신과 다른 기질을 가졌지만 타고난 기질을 단련함으로써 멋지고 매력적인 성격을 얻게 된 그런 친구를 알고 있을지도 모른다. 이제 그는 변화에 성공한 그 친구를 존경하게 되고 이상형으로 받아들인다. 그는 의식적으로 그리고 무의식적으로 그 친구를 흉내 낸다. 그가 만약 강한 의지를 갖고 있다면 그는 이러한 과정을 통해 훌륭하고 한결같은 인격character을 발달시킬 수 있다.

우리 중에 그런 사람(의지를 통해 자신의 인격을 변화시킨 사람)이 많다는 것은 의심의 여지가 없다. 그 개인 자신을 위해서나 그의 가정과 지역 사회를 위해서나 그러한 인격 발달은 매우 중요하다. 나는 이러한 사실을 결코 부정하고 싶지 않다.

그러나 나는, 그들이 하고 있는 어떤 오해에 대해 그리고 그들이 변화에 성공한 ― 그러나 때때로 약간 왜곡된 ― 성격에 대해 경종을 울리고 싶다. 그들은 정말 기질이 없는 사람이 되어 버리기도 한다. 그들은 자신의 기질을 제거하여 인격을 바로잡았다. 인격의 질은 좋아졌지만 그것은 그들 자신의 것이 아니다. 그들은 그것을 규제하고 억제했다. 그렇다. 어쩌면 그들은 자신의 기질을 그리고 그들 자신을 주님께 바쳤을 것이다. 하지만 그들이 한 이 모든 것들은 타인을 베낀 것이다.

따라서 그 결과로 생긴 성격에는 무언가 뻣뻣하고 부자연스러운 데가 있다. 우리는 그 사람들이 자유롭고 자발적이며 행복하다고 생각하지 않는다. 그들은 맞지 않게 가위질 당한 날개를 가진 새와 같다. 혹은 집을 떠나기 전에 너무 지나치게 훈육 받은 아이들 같다. 그들은 너무 지나치게 훈육 받아, 낯선 사람들 사이에서 자연스럽게 말도 못하고 자연스럽게 자리 잡지도 못하고 자연스럽게 움직이지도 못한다.

자신의 기질을 뿌리째 뽑아 버리는 사람들은 자신을 끊임없이 억제하며 살아간다. 그들은 자신들의 진짜 본성을 드러내는 것을 두려워한다. 결과적으로 그들은 자연스러움뿐만 아니라 진심 어린 마음도 잃는다. 그들은 다른 사람들과 교제할 때 형식적이고 뻣뻣한 데가 있다.

그렇게 되어서는 안 된다. 다혈질 기질이 있는 사람은 항상 다혈질 기질이 있어야 한다. 그에게 우울질 기질이나 점액질 기질을 흉내 내도록 강요해서는 안 된다. 이해할 수 없는 편협한 어떤 사람을 만나더라도, 그에게 자기 자신의 풍부한 감성적 본성을 드러내는 것을 두려워해서는 안 된다. 우리는 자유롭게 말하고 행동해야 한다. 심지어 무례한 우울질 기질의 사람이 이러한 낙관론에 화를 내더라도 말이다.

우리는 말과 행동, 놀이, 일, 휴식에 있어서 우리의 기질을 자유롭게 따라야 한다. 우리가 억제해야 할 기질의 유일한 부분은, 신과 함께하는 우리의 삶을 방해하고 우리의 동료나 우리 자신에게 해로운 그런 것들이다.

기질을 수련하고 단련하는 데 있어, 어느 누구도 순수하게 섞이지 않은 단 한 가지 기질만 갖고 있는 게 아니라는 사실을 기억해야만 한다. 우리 모두는 여러 가지로 섞인 기질을 갖고 있다. 다만 그 종류 중 한 가지가 우세할 수 있다. 그리고 우리 모두는 우세하지 않은 나머지 기질에 대해서도 역시 잠재력을 갖고 있다.

예를 들어, 우울질 기질의 사람이 담즙질 혈통의 일부를 물려받았다고 해 보자. 그가 타고난 성향만을 따른다면 당연히 우울한 기질이 지배적일 것이다. 그러나 자신의 의지와 지성을 통해 우울질인 그 사람이 우울질 특성 중 가장 안 좋은 부분을 억제시킨다면, 그의 또 하나의 천성인 담즙질 기질이 나타날 수 있다. 그리고 담즙질 기질은 그의 우울한 기분을 막아주고 그가 자연스러운 태도를 잃지 않도록 도와줄 것이다.

그렇다면, 건강한 수련 방법 중 하나는 기질들을 서로 겨루게 하는 것이다. 그렇게 하면 기질들은 서로 중화되어 결국 균형이 잘 잡힌 성격이 된다.

인생은 복잡하다. 서로 다른 기질들이 관계를 맺을 때 그 안에 어려움과 위험이 존재한다.

우리는 서로 쉽게 오해한다. 우리는 다른 사람의 말, 행동, 그리고 태도를 오해한다. 그 이유는 우리가 다른 사람들을 그들의 관점이 아닌 우리 자신의 관점으로 판단하기 때문이다. 우리는 상대방이 왜 그렇게 행동했는지 그 동기를 명확하게 이해하지 못한다. 그런 오해의 원인 중 주요 부분은, 기질의 차이에서 비롯된 것이 분명하다.

우울질 사람이 자신의 입장에서 다른 기질의 사람들을 판단할 때, 그는 그들이 실제로 전혀 갖고 있지 않은 그런 동기를 갖고 있을 거라고 추정할 수도 있다. 우울질 사람은 다혈질 사람의 심한 변덕과 갑작스런 변화를 보고 그 사람이 형편없는 인격을 갖고 있는 것으로 생각할 것이다. 그는 이렇게 중얼거릴지도 모른다. '저렇게 행동하는 것은, 정말로 스스로 모자란 인격을 갖고 있다고 과시하는 꼴이 아닌가.'

다혈질 사람은 그 우울질 사람이 항상 골이 나 있고 뚱하다고 여길 것이다. 그는 이렇게 중얼거릴지도 모른다. '아마 저 사람은 다른 누군가에게 기분이 상해서 저렇게 오랫동안 말도 안 하고 뚱한 걸 거야.'

그 사람의 기질을 이해하게 될 때 비로소 우리는 공평할 수 있고 그 사람에게도 적절하게 대할 수 있다. 그렇게 되면 동료들에 대한 우리의 생각과 판단은 덜 가혹할 것이고 그들과의 관계는 더 쉬워질 것이다.

물론 나는 이것을 통해 악evil을 긍정적으로 바라보자고 하는 것이 아니다. 그러나 기질에 대한 지식은, 어떤 행동이 나쁜 의도에 의해 야기되는 것인지 아니면 단순히 우리 자신과 다른 기질의 발현인 것인지 이것을 구별하는 데 도움을 줄 것이다.

동시에, 그러한 지식은 우리가 거의 알지 못하는 어떤 유혹을 그들이 가지고 있다는 사실을 깨닫게 되는 것이기 때문에, 우리가 다른 사람들의 악 evil이 진짜인지 아니면 단순한 오해인지 좀 더 잘 판별해 내는 데 도움이 될 것이다. 점액질 사람은 — 이런 방식을 통해 — 다혈질 사람과 담즙질 사람이 화를 낼 때 그들이 선천적으로 어떤 성향이 있기 때문이라는 사실을 알게 될 것이다. 이와 마찬가지로 다혈질 사람과 담즙질 사람은, 자신들이 갖고 있지 않은 어떤 천성 때문에 우울질 사람이 늘 의심스럽고 부루퉁하다는 것을 발견하게 될 것이다.

사람의 기질은 요람에서 무덤까지 그 사람의 곁에서 머무는 그런 것이다. 개인의 기질이 그의 삶의 기간 동안 — 유년기, 청년기, 중년기 그리고 노년기에도 — 어느 정도 변화할 것이라는 것은 부정할 수 없는 사실이다. 그러나 타고난 기질은 결코 완전히 없어지지는 않을 것이다. 그것은 그의 일생 동안 그 개인의 일부가 될 것이다.

왜 우리는 서로 다른 기질을 갖고 있을까?

기질이란, 다른 사람들과 우리를 구별해 주는 개개인에게 찍힌 어떤 직인stamps 같은 것이다. 이 개인별 차이는 신의 뜻이다. 그것은 결혼생활, 가족생활, 교우관계, 지역사회, 그리고 기독교의 영역에서 삶을 다양화하고 풍요롭게 만드는 역할을 한다. 서로 다른 기질들은 서로를 보완하고 서로에 대해 상호작용함으로써 인간 삶에 더 큰 충만함과 아름다움을 준다.

심지어 세계 경제 분야에서도 각각의 기질은 자기 자신만의 자리를 갖고 있으며 각자 자신이 맡은 부분만큼 기여한다. 고대부터 현재까지 각 기질의 이상적인 기능은 다음과 같이 여겨진다.

우울질 사람은 심오하고 독창적인 선지자(현인)다. 그는 때로는 작가로서 때로는 철학자로서 위대한 사상을 생각해 내고 그것을 제시한다. 그러나 그는 자신의 인생에서 자신의 생각을 계속 관철시키려는 의지력이 부족하다.

다혈질 사람은 즉시 이러한 생각들에 열광하고 말하고 쓰면서 그것들을 널리 전파한다. 그는 뛰어난 선동가다. 그는 그것들을 전파하고 대중화시킨다. 그러나 그 또한 그것들을 계속 관철시키려는 꾸준한 의지력이 부족하다.

반면, 담즙질 사람은 자신의 열정적인 의지를 자신의 실용적인 사고에 적용시킨다. 그는 그것들을 실제로 작동하게 만든다. 만약 성공이란 것이 전적으로 의지력에만 좌우된다면 그는 반드시 성공할 것이다. 그러나 그의 생각은 너무 제한되어 있다. 그는 시야가 좁다. 그의 목표는 순수하게 그의 개인적 목표와 너무도 밀접하게 연관되어 있다. 따라서 그는 큰 문제를 다룰 때 과민반응을 보인다.

결국 점액질 사람이 명확하고 적절한 사고를 통해 그리고 침착함과 불굴의 인내심을 통해 그 문제를 성공적인 결과물로 만든다.

이상하게 들릴지도 모르겠지만, 중요한 진전을 처음으로 만들어 내는 사람은 사색적이고 비실용적인 우울질 사람이고, 다른 사람들이 포기했을 때 그 어려움을 해결하는 것은 조용하고 나태한 점액질 사람이다. 위대한 정치가들과 지휘관들의 상당수가 점액질 사람이었고, 위대한 철학자들, 작가들, 예술가들 중 많은 이들이 우울질 사람이었다는 것은 명백하다.

이 세상 모든 것이 신의 왕국을 위해 창조되었다. 기질 또한 그러하다. 그것들은 하나님의 모든 약속이 이행되면 하나님의 왕국을 구성하게 될 ― 풍부한 색채를 가진 ― 생명의 일부분이다.

하늘에 있는 별들이 무지갯빛 색깔로 반짝이며, 이슬방울은 상상할 수 있는 모든 빛깔로 아침 해를 반사시킨다. 새들이 아름다운 노랫소리로 우리의 숲을 채우고 꽃들은 아름다운 모든 모양과 색을 나타낸다. 이 모든 것이 인간과 함께할 것이다. 상상할 수 있는 모든 형태와 양식, 색채, 음조 속에서, 인간의 삶, 즉 생명의 가장 고귀한 형태, 이것은 지구를 풍요롭게 할 것이다.

사실 지금 모든 것이 죄악에 의해 방해받고 있다. 우리들 대부분은 우리의 이상적인 모습에 대한 캐리커처일 뿐이다. 그러나 하나님은 모든 세대를 아우르며 구원의 힘으로 나아가신다. 그리고 구원이 우리의 삶 속으로 들어오도록 허락된다면, 그것은 우리의 몸과 영혼 속에서, 죄악이 훼손키고 파괴한 모든 것들을 다시 완벽한 모습으로 되돌려 놓을 것이다.

그리고 나서, 우리의 기질 또한 완성될 것이다. 새로운 하늘 아래, 새로운 땅 위에, 구원받은 자들은 ― 서로가 똑같이 복제된 모습이 아닌 끝없이 다양한, 하나님의 풍요로운 창조물의 모습으로 ― 그들의 창조자 하나님의 영광을 함께할 것이다.

그러면 신의 걸작이 완성될 것이다. 모든 시대의 구원자들의 합창은 신의 영광에 대한 찬사와 완벽한 조화를 이루게 될 것이다.

역자 후기

할레스비의 이 책과 윌리엄 셀던의 책이 나에게 큰 감동을 준 이유는 지금까지도 대부분의 사람들이 맹목적으로 따르고 있는 흑백논리에서 탈피했다는 점이다. 인간의 특성은 이 땅에 존재하는 인간의 수만큼 다양할 수 있다. 따라서 할레스비와 윌리엄 셀던은 어떤 사람이 특정한 기질에 반드시 속해야 한다고 생각하지 않았다. 사실, 한 사람을 네 가지 범주 중 하나의 기질에 반드시 끼워 맞추는 것은 불합리하며 또한 불가능하다. 그러므로 할레스비와 윌리엄 셀던처럼 그 사람을 평가할 때 그 네 가지 기질 성분을 각각 얼마나 갖고 있느냐로 평가하는 것이 합리적이다. 극히 드물지만, 어떤 사람은 네 가지 기질 모두를 상당히 많이 갖고 있는 사람이 있는가 하면 또 다른 사람은 어떤 기질의 특성도 제대로 갖고 있지 않다.

"신은 누구에게나 각자 잘할 수 있는 그 사람 개인만의 재능을 동등하게 주셨다."

나는 이 말이 거짓이라고 생각한다. 누구나 생김새가 다르듯이 능력도 다르다. 또한 시대가 요구하는 것이 어떤 것이냐에 따라 그 사람의 능력이 시대에 따라 높이 평가되기도 하고 아무 쓸모없기도 하다. 물론, 사람마다 각자가 잘할 수 있는 부분이 다르고 어떤 사람은 이 분야에서 잘하고 다른 사람은 저 분야에서 어떤 능력을 발휘한다는 것은 상당 부분 사실일 수도 있다. 그리고 우리는 그렇게 믿어 왔고 그렇게 교육받아 왔다.

"그는 어떤 것을 잘하지만 너는 못하는구나. 하지만 너는 다른 잘하는 것이 있을 테니 자신만의 재능을 찾아보렴."

이 말은 부분적으로는 사실이다. 만약 그가 그런 것을 찾지 못했다면, 그것은 의지가 부족했거나 재능이 서서히 나타나기에 충분한 시간 동안 지속하지 못했거나 아니면 아직 그의 유능함을 발휘할 그런 분야가 아니었기 때문이라는 말로 얼버무린다.

'어떤 사람이든 네 개 중 한 기질에는 반드시 속해야 한다.'라는 생각도 이러한 고정관념과 흑백논리의 연장선상에 있다고 본다. 살다 보면 우리 모두가 진실을 알게 되겠지만, 내가 여기서 미리 말해 보자면 진실은 다음과 같다.

"사람은 누구나 재능이 다르다. 분야뿐만 아니라 강약도 다르다. 정말 대부분을 다 잘하면서 성격도 좋으면서 좋은 신체까지 타고난 사람도 있다. 어떤 사람은 대부분을 다 못하면서도 성격도 나쁘고 외모도 준수하지 않다. 그리고 이러한 것들을 외부로 발현시키도록 한 우리 안에 내재된 근본적인 경향성은, 비록 우리가 성취해내는 것에 대한 그것의 책임은 부분적이지만, 우리가 죽을 때까지 우리 곁에 항상 머물 것이다."

    윌리엄 셸던은 신체유형과 기질유형에 있어 — 아쉽게도 — 네 가지 분류법이 아닌 세 가지 분류법을 사용했다. 그러나 한 사람당 각각의 기질을 하나의 항목으로 보고 항목별로 1점부터 7점까지 부여하는 탁월한 방식을 택했다. 물론 배타성이 있는 항목이 존재하긴 하지만, 이론적으로는 세 가지 기질에 대한 점수가 모두 높을 수도 있고 모두 낮을 수도 있다.

    나는 할레스비와 윌리엄 셸던의 방식대로 각 기질별 점수를 평가하는 것이 합리적이라고 본다. 다만 이 책의 저자인 할레스비의 의견과 마찬가지로, 세 가지 기질보다는 네 가지 기질이 좀 더 보편적인 분류라고 생각한다. 지역과 시대와 관계없이, 교류가 없었던 다양한 문화들 속에서 모두가 공통적으로 인간의 성향을 네 가지로 본 것은 인류가 가진 어떤 근원적 통찰에 의한 것이 아닐까 한다.

우선 먼저 팀 라헤이가 정리한 네 가지 기질의 특징을 보면 다음과 같다.

네 가지 기질의 특징

	다혈질	우울질	담즙질	점액질
긍정적 특징	말을 잘함 외향적 열광적임 따뜻함 잘생기고 매력적 친근함 인정 많음 근심 걱정 없음	재능이 많음 분석적 예민함 완벽주의 무신론적 이상주의 원하는 것에 충실 헌신적	의지가 강함 굳은 결심 독립적 낙천적 현실적, 실용적 생산적 결단성 있는 지도자 자신감	조용함 태평함 신뢰할 만함 효율적 보수적 현실적 지도자 외교관 유머 있음
부정적 특징	의지가 약함 불안정 훈육되지 않음 안절부절못함 신용이 없음 자기중심적 시끄러움 과장이 심함 겁이 많음	자기중심적 부정적 논리적 비현실적 비사교적 비판적 복수심이 강함 뻣뻣함	분노, 잔인함 냉소적 지배하려고 듦 사려 깊지 못함 거만하고 오만함 감정이 무딤 교활함	인색함 겁 많음(안전선호) 우유부단 방관자 자기보호 – 이기적 동기부여 안 됨
직업	배우 세일즈맨 연설가	예술가 음악가 발명가 철학자 교수	프로듀서(제작자) 건축가 지도자	외교관 회계사 교사 기술자

팀 라헤이, Transformed Temperament, 23p, TYNDALE HOUSE, 1971.

그리고 시대와 지역에 따라 이 네 가지 분류가 어떻게 표현되었는지는 아래 표와 같다.

기질에 대한 여러 가지 분류 및 상호 유사성

갈레노스 히포크라테스	이제마 사상의학	카스트 분류	윌리엄 마스턴	윌리엄 셸던 성격 기질	윌리엄 셸던 신체 기질	크레치머 분류
Melancholic 우울질	소음인	Brahmins 브라만	Compliance 정확, 조심	Cerebrotonic 신경대뇌형	Ectoderm 외배엽	Asthenic 쇠약형
Sanguine 다혈질	소양인	Sudras 수드라	Influence 타인에 영향력	Somatotonic 신체근골형	Mesoderm 중배엽	Athletic 강건형
Choleric 담즙질	태양인	Kshatriyas 크샤트리아	Dominence 타인을 지배			
Phlegmatic 점액질	태음인	Vaisyas 바이샤	Steadiness 침착, 안정	Visceratonic 내장형	Endoderm 내배엽	Pyknic 비만형

* 이 표는 역자가 만듦

위 표는 기질에 대한 상호 유사성을 필자가 임의로 정리한 것이다. 논란이 있긴 하지만 갈레노스-히포크라테스 분류, 이제마의 사상의학 분류 그리고 그 외 다양한 분류를 위와 같이 대응시켰다.

네 가지 분류와 세 가지 분류를 대응시켜 표를 만들 때, 마지막까지 고민한 것이 다혈질의 위치였다. 다혈질은 윌리엄 셸던 및 크레치머의 세 가지 분류 속에서는 어느 한 곳에도 위치하기 어려웠다. 다혈질은, 신체근골형의 특징인 약간 즉흥적인 면과 현재에 집중하는 모습을 갖고 있으며 상체의 발달도 약간 비슷하기도 하다. 그러나 다혈질은 계획적이지 않고 근골격이 발달하지 않았으며 의지도 약하다. 또한 다혈질은 신경대뇌형의 빈약한 하체 그리고 예민함과 감성적 특성을 갖고 있다. 그러나 다혈질은 외부에서 들어온 인상들을 깊게 심사숙고하지 않고 그 순간 공감하고 즐기고 반응을 즉시 보인다. 이러한 점을 고려해 보면 ― 논란이 있을 수 있지만 ― 신경대뇌형과 신체근골형의 중간쯤 있는 것 같다.

카스트 분류의 특징 요약[11]

네 가지 분류 중, 인도의 카스트 제도에 존재하는 네 가지 계급의 이름을 따서 그 계급별 사회적 직업적 특성에 따라 기질을 분류한 방식이 있다. 이것에 대한 설명은 갈레노스의 네 가지 분류에 대한 설명과 매우 비슷하다.

(1) 브라만brahmin이라고 불리는 이 유형의 '본질적 천성'은 바로 '진실을 알고자 하는 욕구'다. 갈레노스 분류에서는 우울질에 해당한다. 인간은 이 욕구가 느껴지는 그 힘에 의존하기 때문에, 이

---

11) 《마스터 게임》(로버트 드 로프, 김기현, 좋은땅, 2018)에서 발췌 및 요약

러한 종류의 자아-본성self-being을 가진 인간은 과학 게임, 예술 게임, 혹은 마스터 게임(깨달음을 얻기 위한 과정)을 하려고 할 것이다. 진짜 브라만은 무슨 수를 쓰더라도 진실을 추구하며, 자신이 가는 길을 방해하는 편안함이나 편리함에 대해 절대 허용하지 않는다. 그들의 객관성은 그들에게 주어진 삶의 시간 동안 '사회 속에서 작동하고 있는 세력들을 올바르게 평가할 힘'을 그들에게 부여한다. 그들은 그들 자신이 경영진은 되지 못하지만 경영진에 대한 뛰어난 조언자가 된다. 왕은 아니지만 왕의 조언자인 것이다. 객관성(과학과 논리의 추구)은 그들의 본질의 한 부분이다.

(2) 크샤트리아kshatriya는 고대 인도에서의 전사, 혹은 지배자, 혹은 둘 다였다. 이 유형의 '본질적 특성'은 바로, 브라만의 '진실을 알고자 하는 의지'처럼 '힘으로의 의지'이다. 갈레노스 분류에서는 담즙질에 해당한다. 건강한 사회에서 크샤트리아는 행동하는 인간이며, 전사이고, 타고난 속세의 지배자다. 그들은 예언자, 선지자, 객관적 인간인 브라만에게 충고를 받는다. 그러한 충고가 없다면 크샤트리아 유형의 사람은 그 자신의 행동의 미로 속에 길을 잃게 될 것이며, 장기적인 목표를 보지 못하고 더 높은 원칙을 보지 못하고, 다소 기회주의적 방법을 통해 하

루하루 지배해 나갈 것이다. 크샤트리아는 전형적으로 높은 중배엽성 성향을 지니며 기질상으로는 높은 성향의 신체근골형에 해당한다.

(3) 바이샤vaisya는 ― 그의 본질은 상인 혹은 수공업자의 역할에 적합하다 ― 요구들을 충족시킴으로써, 물건을 사고팖으로써, (지속적으로 꾸준히) 물건을 만드는 것으로써, 다양한 종류의 사업을 함으로써 자신의 본질적 의무를 수행한다. 그는 '권력으로의 의지'에 지배당하는 것이 아니라 '소유하려는 의지'에 지배당한다. 갈레노스 분류에서는 점액질에 해당한다. 바이샤는 '여물통 독차지하기(돈 독식하기)' 게임에 완전히 몰두하고 과도하게 집착하고 있으며, 엄청난 양의 재산을 (혹은 과도한 음식을) 축적하려고 한다. 바이샤는 주로 내배엽성 기질이 강하다.

(4) 수드라sudra는, 전통적으로 카스트 네 계급 중 가장 하층민이며, 시야가 좁고 멀리 보지 못하며, 그 순간의 '감각적 육체적 만족감'에 관심이 있다. 이러한 그의 본질적 한계점들 때문에, 그는 육체적 수준을 넘는 작업을 할 수 없다. 갈레노스 분류에서는 다혈질에 해당한다. 고대사회에서는 손으로 하는 일에 종사하는 사람을 괄시하였고 수드라 역시 멸시받았다. 수드라는 순수한 영혼이며 본질에 지배된다. 그는 그 순간의 느낌과 그 순간

의 외부 인상에 지배된다. 그는 현재를 즐길 줄 안다.

사상의학의 네 가지 분류

(1) 태양인 - 고집이 세고 독선적이다. 전진만 하고 후퇴가 없다. 약간 조급하다. 인간관계에 대한 두려움이 없다. 이상주의적이며 계획성이 있긴 하지만 적다. 어떤 일이든 실패한다는 생각을 하지 않고 어려움을 과소평가한다. 태양인은 노여움을 잘 터뜨리고 슬픔을 깊이 간직한다. 전체적으로 체격이 좋고 뼈와 근육이 잘 발달해 있다. 신체의 물리적 균형과 비율이 좋기 때문에 머리도 커 보이지 않고 다리도 짧아 보이지는 않지만, 실제로는 머리도 작은 편은 아니고 다리도 긴 편은 아니다. 비율로서 적당하다. 여자의 경우 무리해서 살을 뺄 경우 태양인 성향과 소양인 성향의 감별이 어려운데, 태양인의 경우 살을 빼도 전체적으로 근골격이 발달해 있고 얼굴도 이목구비가 뚜렷하거나 인상이 강하다. 이에 반해 소양인은 근골격 (특히 골격) 발달이 덜하고 다리가 더 길며 이마가 비교적 잘 발달해 있고 얼굴이 날렵해 보인다.

(2) 태음인 - 침착하고 꾸준하며 지구력이 있다. 포기하지 않는다. 의견을 잘 표현하지 않지만 일단 의견을 내면 설득력이 있다. 속마음을 쉽게 표현하지 않고 오래 참고 견딘다. 모든 일을 넓게 생각하고 이해하려 한다. 매사를 신중하게 생각하여 믿음직스럽고 행동도 점잖다. 그러나 가만히 있으려고만 하지 움직이려고 하질 않는다. 변화를 싫어하고 게으르다. 내 것에 대한 집착이 있고 탐욕이 있으며 물욕이 있다. 소화력이 좋다. 살이 많은 체질로 얼굴도 몸도 전체적으로 둥그렇다. 다리가 상대적으로 긴 서양인의 신체를 고려해 보면, 서양인 태음인은 몸 전체에 살이 쪄도 동양인과 비교 시 하체에 살이 덜 찐 것처럼 보이기도 한다.

(3) 소양인 - 활달하고 민첩하다. 성격이 밝고 경쾌하다. 솔직하고 대인관계가 좋다. 타인의 마음을 잘 안다. 일을 할 때에 이해타산을 따지지 않고 그 순간만큼은 남을 위하는 마음이 강하고 감정표현이 솔직하다. 그는 현재를 즐긴다. 지금 이 순간 눈앞에 있는 것에 몰입한다. 성격도 그 순간은 시원시원해서 대인관계에 문제가 있으면 그 자리에서 푼다. 반면 성질이 급하고 실수도 잦다. 그 순간이 지나면 다 잊는다. 실질적인 면보다 남에게 과시하고 장식하는 것을 좋아한다. 어설픈 허세를 부리고 비밀

을 잘 못 지킨다. 표현이 직선적이라 상대방의 마음을 상하게 할 때가 많은데 보통 말해 놓고 곧바로 후회한다. 남들에게 경솔하다는 말을 많이 들으며 감정의 기복이 심하다. 자신의 잘못을 심하게 민망해하고 마음의 상처를 받으면 고통이 심하다. 끈기가 부족하고 보이는 것만 중시한다. 상체는 태양인처럼 잘 발달되어 보이지만 근육은 발달하지 않았고 하체가 상대적으로 빈약하다. 다리가 체형에 비해서는 긴 편이다. 상하체에 살이 쪄도 상대적으로 하체에는 덜 찐다. 얼굴이 작은 경우가 있다.

(4) 소음인 - 세심하고 조용하고 예민하다. 일을 할 때 침착하고 (본인이 옳다고 생각할 경우에만) 원칙을 잘 지키려 하고 치밀하고 꼼꼼하다. 그러나 도덕성이 부족하다. 성욕이 강하다. 머리가 좋고 논리적으로 따지기를 좋아한다. 연구를 좋아하고 독특한 학자 스타일에 가깝다. 책도 많이 읽고 아는 것도 많아서 말이 많은 경우도 있다. 그러나 밖으로 나서려 하지 않는다. 질투심이 많고 남을 오해한다. 항상 불평불만이 많다. 남에게 한번 상처를 받으면 그걸 잊지 못하고 아주 오래 담고 있다. 개인주의 혹은 이기주의적 성향이 강하고 남의 간섭을 싫어하고 이해타산에 얽매인다. 혼자 있는 것을 편안해하거나 좋아한다. 별일이 아닌데도 자꾸 조바심을 내고 불안해한다. 동양인은 체구

가 작고 마른 편이며 상체가 왜소하지만 엉덩이가 크다. 서양인도 마른 편으로 상체가 왜소하며 전체적으로 슬림하다.

윌리엄 셸던의 기질 평가지[12]

아래는 윌리엄 셸던의 기질 평가지다. 각 기질별 특징은 다음에 나오는 표의 항목으로 갈음한다.

Fig. 5-1. THE SCALE FOR TEMPERAMENT

Name	Date	Photo No.	Sewed by
	I. Visceratonia 내장형	II. Soamtotonia 신체근골형	III. Cerebrotonia 신경대뇌형
	xx 1. Relaxation in Posture and Movement 자세와 움직임에 있어서의 편안함	xx 1. Assertiveness in Posture and Movement 자세와 움직임에 있어서의 적극성	xx 1. Restraint in Posture and Movement 자세와 움직임에 있어서의 억압
	xx 2. Love of Physical Comfort 신체적 편안함을 사랑함	xx 2. Love of Physical Adventure 신체적 모험을 사랑함	oo 2. Physiological Over responsiveness 생리학적으로 과도한 반응성
	xx 3. Slow Reaction 느린 반응	xx 3. The Energetic Characteristic 활동적인 성격	xx 3. Overly fast Reaction 과도하게 빠른 반응

12) The Varieties of Temperament, William H. Sheldon, Harper & Brothers Publishers, 1942. p. 26에서 발췌. 역자는 이 책을 현재 번역중이다.

oo 4. Love of Eating 식탐	xx 4. Need and Enjoyment of Exercise 운동을 필요로 하고 즐김	xx 4. Love of Privacy 사생활에 대한 사랑
oo 5. Socialization of Eating 식사의 사회화, 타인과 함께 식사	oo 5. Love of Dominating, Lust for Power 지배하는 것을 사랑함, 권력욕	xx 5. Mental Over intentity Hyper attentionality Apprehensiveness 과도한 정신적 몰두, 과도한 집중, 과도한 걱정
oo 6. Pleasure in Digestion 소화의 기쁨	xx 6. Love of Risk and Chance 위험과 기회에 대한 사랑	xx 6. Secretiveness of Feeling, Emotional Restraint 느낌을 숨김, 정서적 억압
xx 7. Love of Polite Ceremony 품위 있는 의례에 대한 사랑	xx 7. Bold Directness of Manner 과감하고 단순명쾌함, 대담하고 직접적인 방식	xx 7. Self-Conscious Motility of the Eyes and Face 얼굴근육과 눈동자의 움직임을 스스로 인식함
xx 8. Sociophilia 사회(사교) 애호성	xx 8. Physical Courage for Combat 전투에서의 신체적 용기	xx 8. Sociophobia 사회(사교) 공포증
oo 9. Indiscriminate Amiability 무차별적인 호감	xx 9. Competitive Aggressiveness 경쟁적인 공격성	xx 9. Inhibited Social Address 어색해하는 사회적 태도
oo 10. Greed for Affection and Approval 인정과 애정에 대한 욕심	oo 10. Psychological Callousness 심리학적 냉담함	oo 10. Resistance to Habit, Poor Routinizing 관습에 대한 저항, 낮은 일상화시키는 능력

Fig. 5-2. THE SCALE FOR TEMPERAMENT[13]

Name	Date	Photo No.	Sewed by
I. Visceratonia 내장형		II. Soamtotonia 신체근골형	III. Cerebrotonia 신경대뇌형
oo 11. Orientation to People 대중에 대한 관심		oo 11. Claustrophobia 폐쇄 공포증	oo 11. Agoraphobia 광장 공포증
xx 12. Evenness of Emotional flow 감정적 흐름의 평탄성		oo 12. Ruthlessness, Freedom from Squeamishness 무자비함, 비위가 강함	oo 12. Unpredictability of Attitude 예측이 불가능한 태도
xx 13. Tolerance 아량, 관용		xx 13. Unrestrained Voice 쩌렁쩌렁 울리는 목소리	xx 13. Vocal Restraint and General Restraint of Noise 가냘프고 작은 목소리, 발성이 잘 안 됨, 소음을 전반적으로 억제함
xx 14. Complacency 현 상태에 만족, 안주		oo 14. Spartan Indifference to Pain 스파르타인처럼 통증에 둔감	oo 14. Hypersensitivity to Pain 통증에 대한 과민감성
oo 15. Deep Sleep 숙면		oo 15. General Noisiness 일반적으로 시끄러움	oo 15. Poor Sleep Habits, Chronic Fatigue 깊게 잠들지 못함, 만성 피로
xx 16. The Untempered Characteristic 때 묻지 않은 성격		xx 16. Overmaturity of Appearance 과성숙한 모습	xx 16. Youthful Intentness of Manner and Appearance 젊은이 특유의 몰입도
xx 17. Smooth, Easy Communication of Feeling, Extraversion 감정을 부드럽고 쉽게 소통함, 외향성		oo 17. Horizontal Mental Cleavage, Extraversion of Somatotonia* 정신적 시야의 수평 단절**, 신체근골형의 외향성	oo 17. Vertical Mental Cleavage, Introversion 정신적 시야의 수직 단절***, 내향성

oo 18. Relaxation and Sociophilia under Alcohol 음주 시 이완 및 사교 애호성	oo 18. Assertiveness & Aggression under Alcohol 음주 시 공격성과 적극성	oo 18. Resistance to Alcohol, and to Other Depressant Drugs 알코올과 억제 약물에 대한 저항성
oo 19. Need of People When Troubled 괴로울 때 사람들이 필요	oo 19. Need of Action When Troubled 괴로울 때 행동을 취함	oo 19. Need of Solitude When Troubled 괴로울 때 혼자 있고 싶어함
oo 20. Orientation Toward Childhood & Family Relationships 어린 시절을 그리워하고 가족관계를 지향함	oo 20. Orienation Toward Goals and Activities of Youth 목표와 젊음의 행동을 지향함	oo 20. Orientation Toward the Later Periods of Life 인생의 후반부를 지향함. 인생의 후반부에 알맞은 성향

13) 각 기질별 20개의 특질(항목)이 있고 각 특질마다 1점부터 7점까지 점수를 부여함. 각 항목에서의 xx가 붙은 것은 배타성(대립성)이 있다는 것이다. 즉 xx가 붙은 특질(항목)의 점수가 높을수록 다른 기질 가능성을 배제해 준다. oo가 붙은 항목은 통계적으로 그 기질에서 빈도가 높지만 다른 기질의 사람들도 가지고 있을 수 있다.

* 여기에는 기술되어 있지만 후에 Extraversion of Somatotonia라는 부분은 삭제되었다. 활동성이 많고 육체적 활동을 선호하는 것은 사실이지만 그것을 외향적이라고 표현하지는 않았다.
** 자신의 깊은 내적 본성을 이해하지 못함
*** 타인의 깊은 마음속을 이해하지 못함

　필자는 궁극적으로 인간의 네 가지 기질에 대한 보편적인 평가표를 만들려고 한다. 또한 윌리엄 셸던이 했던 것처럼 네 가지 기질별 신체적 계측치 및 평균 비율을 구하고 싶다. 그리고 그렇게 한다면 기질의 세 가지 분류법에 사용되었던 셸던의 방식 및 기타 그 외 다양한 자료를 참고하여 네 가지 기질에 대한 평가표를 만들 수 있을 것이다. 이를 통해 기질별로 각각 1부터 7까지의 점수를 부여하면 이론적으로는 총 2,401가지의 유형이 존재할 수 있을 것이다. 또한, 기질에 대한 평가표를 통한 '기질유형'과 신체 계측을 통한 '신체유형' 사이에 존재하는 연관성을 밝혀낼 수 있을 것이다. 더 나아가 그 사람의 장기적인 삶의 유형과 궤적을 분석한다면, 어떤 환경은 그 사람이 가진 기질에 유리하고 또 다른 어떤 환경은 그 사람이 가진 기질에 치명적일 수 있다는 이치가 실제로 존재하는지 확인할 수 있을 것이다.